novum   pro

Johann Plankenbüchler

Ein **Rückblick** auf **Jahre** der **Erinnerung**

Der Beginn des Rettungswesens

novum pro

Bibliografische Information
der Deutschen Nationalbibliothek:

Die Deutsche Nationalbibliothek
verzeichnet diese Publikation in
der Deutschen Nationalbibliografie.
Detaillierte bibliografische Daten
sind im Internet über
http://www.d-nb.de abrufbar.

© 2022 novum Verlag

ISBN 978-3-99131-428-8
Lektorat: Laura Hiermann
Umschlagfotos: Veronika Oliinyk,
David M. Schrader | Dreamstime.com;
ÖRK Fotokredit/Markus Hechenberger,
Johann Plankenbüchler WRK,
ÖRK/Syrian Arab Red Crescent
Umschlaggestaltung, Layout & Satz:
novum Verlag
Innenabbildungen:
siehe Bildquellennachweis S. 212
Autorenfoto: Foto Semrad Wolkersdorf

Die vom Autor zur Verfügung gestellten Abbildungen wurden in der
bestmöglichen Qualität gedruckt.

www.novumverlag.com

INHALTSVERZEICHNIS

„Wege entstehen dadurch,
dass man sie geht.“

Antonio Machado

DANKSAGUNG

Zunächst richtet sich mein Dank an meinen Verlag. Dass jemand bereit war, dieses Buch zu veröffentlichen. Doch ohne meine Freunde und Kollegen die mich inspiriert und mit Beiträgen unterstützt haben, könnte ich mich beim Verlag nicht für die Veröffentlichung bedanken.

Mein Dank gilt insbesondere meiner Familie. Sie hat mir Zeit und Raum gegeben, den Großteil des Geschriebenen auch in den vielen Jahren aus „Liebe zum Menschen" ausführen zu dürfen.

Ich danke meiner Frau Elisabeth und meinen in der Zwischenzeit erwachsenen Kindern, Katharina, Stephan, Dorothea und Christoph.

VORWORT

Sechzig Jahre ist das Wiener Rote Kreuz nun alt.

Sechzig Jahre …

„… und kein bisschen weise, aus gehabtem Schaden nichts gelernt", sang Curd Jürgens vor knapp fünfzig Jahren. In seinem Leben sei nicht alles nach Plan gelaufen, er habe den einen oder anderen Kratzer abgekriegt, und Reife hätte nichts mit Falten zu tun, singt er.

Natürlich hat es in dieser Zeit auch ein paar Kratzer und Schrammen abbekommen, aber insgesamt hat es sich großartig entwickelt.

Vor uns liegt die Geschichte des Wiener Roten Kreuzes erzählt von einem der Gründungsmitglieder, jemandem der im Juni 1961 dabei gewesen war.

Johann Plankenbüchler hat nicht nur viele Verdienste für das Wiener Rote Kreuz geleistet, sondern hat seine Erinnerungen nun auch aufgeschrieben. Es sind berührende Erinnerungen an bewegte Zeiten. Ein Leistungsdokument der Rot-Kreuz Familie.

Immer wieder gibt und gab es im Laufe dieser 60 Jahre junge, engagierte Mitarbeiter*innen, die anderen Menschen helfen wollen. Ob im Rettungs-, Ambulanz- oder Katastrophenhilfsdienst, in der Wohnungslosenhilfe, bei den Freiwilligen Sozialen Diensten, im Bereich Pflege und Betreuung, in der Jugendarbeit oder in der Ausbildung.

Wir freuen uns über jede*n Einzelne*n, die*der uns und damit die Bevölkerung in Wien unterstützt.

Wenn jemand Hilfe braucht, sind wir da, für alle Menschen!

Ich danke Hans Plankenbüchler für seine aus Liebe zum Menschen geleistete Lebensarbeit und wünsche ihm, seiner Familie, der großen Wiener Rotkreuz-Gemeinschaft und allen in Wien Lebenden eine friedvolle und harmonische Zukunft.

Präsidentin
Dr. Gabriele Domschitz
Österreichisches Rotes Kreuz, Landesverband Wien

WIE ALLES BEGANN

Der Beginn des Rettungswesens

Menschen haben einander immer schon geholfen. Die Hilfe entwickelte sich von einem primitiven zu einem organisierten System. In Österreich, speziell in Wien, finden sich erste Spuren eines organisierten Rettungssystems unter Kaiserin Maria Theresia und ihrem Leibarzt sowie Berater Gerard van Swieten. Ein kaiserliches Patent vom 1. Juli 1769 gab allgemeine Belehrungen – wie es damals hieß – bekannt, um ertrunken oder erstickt scheinende Personen am Leben zu erhalten. Leider wurden die Helfenden dann von den Behörden derart in die Mangel genommen, dass niemand mehr gewillt war zu helfen. Denn die Helfenden mussten sich dafür verantworten, wenn keine Hilfe mehr möglich war, oder versucht wurde Scheintote mit Herz-Kreislaufstillstand lebendig zu begraben (vergl. Manuela Brodinger, 2014, S. 3).

Unter Kaiser Josef II (1741-1790) wurden Erste-Hilfe-Schriften verfasst, diese konnten jedoch nur wenige lesen, da es viel Analphabeten gab.

Unter Kaiser Franz II wurden für lebensrettende Hilfsmaßnahmen Prämien in der Höhe von 25 Gulden ausgesetzt. Grundsätzlich ist in dieser Zeit jedoch zwischen Ärzten und Wundärzten zu unterscheiden: Nach der Ausbildung zum Bader – also zum Heilgehilfen –, die in Wien bereits um 1370 über eine eigene Zeche (mittelalterliche Zunft, vergl. 1873- Bremisches Urkundenbuch Diedrich Rudolf; Bippen Wilhelm; Entholt Herman; Hofmeister Adolf,: Müller S.15) verfügten, konnten sich diese zu Wundärzten ausbilden lassen. Nach der Gesellenprüfung waren sie befähigt, Verletzungen und äußere Krankheiten zu behandeln und operative Eingriffe vorzunehmen. Die Behandlungen innerer Krankheiten, wie z. B. Diagnosen, Medikamentenverordnungen, oder Therapien, waren den akademisch ausgebildeten Ärzten vorbehalten.

Die Wiener Zeitung veröffentlichte im Amtsblatt vom 15. Juni, 9. Juli und 13. Juli 1803 ein k. u. k. Rundschreiben mit folgendem Inhalt:

> *„Ärzte und Wundärzte müssen im Rettungsgeschäft unterrichtet sein. Die Professoren der Arznei und Wundarznei werden angewiesen, von nun an über diesen wichtigen Gegenstand insbesondere jährlich einige Vorlesungen zu halten, und bei den Prüfungen keinen Arzt oder Wundarzt zu approbieren, welcher nicht hierin eine vollkommene Kenntnis hat.*
> *Die Wundärzte haben den besonderen Auftrag erhalten, ihre Lehrlinge und Gesellen in dem Rettungsgeschäft zu unterrichten und öfters in Erste-Hilfe zu üben." (vgl. Amtsblatt der Wiener Zeitung vom 15.6., 9.7. und 13.7.1803)*

Einen weiteren Meilenstein in der Wundversorgung erreichte Louis Pasteur. Er erkannte, dass Bakterien die Ursache von Gärung und der Zersetzung organischer Massen sind.

Durch die medizinischen Reformen Gerard van Swietens wurde die Chirurgie zu einem akademischen Fach, das an der 1754 gegründeten medizinisch-praktischen Lehranstalt unterrichtet wurde. Die chirurgische Klinik war von 1774 bis 1784 im mittelalterlichen Bürgerspital vor dem Kärntnertor untergebracht und dann im Allgemeinen Krankenhaus.

Baron Jaromir Mundy

Baron Jaromir Mundy war Mediziner und Gründer der Wiener Freiwilligen Rettungsgesellschaft deren Modell weltweit kopiert wurde und die sich später zur Wiener Berufsrettung, der heutigen Magistratsabteilung 70, entwickelte. Dank seiner technischen Begabung konzipierte er Hilfsmittel für eine humane Erstversorgung von Verwundeten. Als Militärarzt, der an diversen Kriegsschauplätzen tätig war, zeichnete er sich durch eine aufopfernde Hilfsbereitschaft an der Front aus, sorgte für die logistische Bereitstellung von Instrumenten, aktivierte Mithelfende, sicherte Erstversorgungen und organisierte Verwundetentransporte. Mundy setzte sich für eine Verbesserung der Verhältnisse auf den Schlachtfeldern des späten 19. Jahrhunderts ein, deren Rettungseinsätze meist schlecht organisiert waren. Der Chirurg Theodor Billroth, ein langjähriger Freund Mundys, bezeichnete diesen als einen der größten praktischen Humanisten seines Jahrhunderts. In seiner Funktion als General-Chefarzt des Malteser Ritterordens setzt sich Mundy ab 1875 unermüdlich für eine Reform des öffentlichen und Militärsanitätswesens und für die Gründung einer Ersten-Hilfe-Organisation in Wien ein.

Dieses Bestreben ging mit der Gründung der Wiener Freiwilligen Rettungsgesellschaft in Erfüllung.

Die Schlacht von Solferino

Am 24. Juni 1859 lernte Jaromir Mundy in der Schlacht bei Solferino, bei der es zu tausenden Toten und Verwundeten kam, den Schweizer Geschäftsmann, Schriftsteller und Menschenfreund aus Überzeugung Henry Dunant kennen. Henry Dunant (1828-1910) war im Juni 1859 als Privatmann und Schriftsteller in Solferino. Er hatte auch, neben der Schweizer Staatsbürgerschaft seit 1858 die französische Staatsbürgerschaft. Dunant verfasste unter dem Titel *Das wiederhergestellte Kaiserreich Karls des Großen, oder das Heilige Römische Reich, erneuert durch Seine Majestät, den Kaiser Napoleon III.* eine schmeichelhafte Lobschrift auf Napoleon III., i. (vergl. Czech, Textfragment.Diplomarbeit 2009, S 2.1.) geht davon aus, dass Dunant als Kaufmann Kaiser Napoleon treffen wollte, um Mühlengeschäfte in der französischen Kolonie Algerien zu besprechen. Er wurde Augenzeuge der blutigsten Schlacht und des größten Versagens der Verwundeten Fürsorge des 19. Jahrhunderts. Er sah wie Verwundete auf dem Schlachtfeld liegengelassen wurden und Plünderer durch die Reihen zogen, um die Hilflosen auszurauben. Aufgrund dessen fühlte er sich verpflichtet, sich für Menschenrechte im Krieg einzusetzen. Er verfasste die Genfer Konvention, die am 22. August 1864 zur Verbesserung der Lage von Kriegsgefangenen und Verwundeten beschlossen wurde. Im Februar 1863 gründete er das Internationale Rote Kreuz. Dunant erhielt am 10. Dezember 1901 den Friedensnobelpreis in der Höhe von 100.000 Franken. (Quelle: Kopie der Urkunde aus ca. 1901, unbekannter Photograph; Bildquelle: Schweizerisches Rotes Kreuz, © Archiv IKRK.)

Das Preisgeld wurde von einem norwegischen Treuhänder verwaltet, da Dunant hoch verschuldet war. (vergl. Czech Textfragment Diplomarbeit 2009 S/2.1) Sein Buch *Erinnerungen an Solferino*, erschienen 1862 in Genf, finanzierte Jean Henry Dunant aus eigenen Mitteln. Das Buch sollte europäische Herrscherhäuser, vor allem die Ehefrauen der Herrscher, von seiner humanistischen Idee überzeugen und ihr Gewissen wachrütteln.

Am 30. Oktober 1910 verstarb Henry Dunant im Alter von 82 Jahren, verarmt und vergessen im Altersasyl des Bezirkskrankenhauses in Heiden am Bodensee. Seine letzten Worte waren an Hermann Altherr, Arzt und einer der wenigen Vertrauenspersonen: „Ah que ca devient noir …" („Ach wie wird es dunkel …") Ein menschliches Schicksal. Heute wird Henry Dunant verehrt. (vgl. Betreuung von Henry Dunant,Wikipedia, aufgerufen 4.3.2022)

Der Ringtheater Brand

Bei einer Vorstellung von Jaques Offenbachs *Hoffmanns Erzählungen* mit 1.760 Zuschauern kam es am 8. Dezember 1881 kurz vor Vorstellungsbeginn gegen dreiviertel sieben zu einem entsetzlichen Brand. Die Künstler konnten sich in letzter Minute über den Bühnenausgang in die Hessgasse retten. Im Zuschauerraum jedoch kam es zu Panik, Entsetzen und Tod.

Ein Mitglied des Theaters berichtete in der Wiener Tagespost, einer Beilage der Wiener Zeitung:

„Als ich noch halb angekleidet beim Schminken war, und das Zeichen für den Beginn der Vorstellung – fünf Minuten vor dreiviertel sieben Uhr – gegeben wurde, erklangen Schreckensrufe vom Bühneneingang her, der plötzlich in Flammen stand. Wie sich später herausstellte, war ein Theaterdiener mit der Soffittenbeleuchtung (Anm. d. Verfassers: Soffitten sind Teil der Dekoration, um den

Eindruck eines geschlossenen Raums zu erreichen, die Beleuchtung erfolgte damals mit einer Spiritusflamme) zu nahe an den Schleiervorhang gekommen, der der Dekoration diente. Das Feuer züngelte in Windeseile den Vorhang bis zum Schnürboden (Anm. d. Verfassers: das ist die Zwischendecke im Theater oberhalb der Bühne, die auch als Seilboden bezeichnet wird. Oftmals befindet sich oberhalb des Schnürbodens eine weitere Ebene, der sogenannte Rollenboden, der eine einfachere Begehbarkeit des Schnürbodens gewährleisten soll) hinauf. In der Folge barst der Theatervorhang in der Mitte explosionsartig, das Feuer stob in den Zuschauerraum und die Gasflammen der Beleuchtung erloschen. Panik erfasste die Zuschauer und nach kurzer Zeit war das Theater ein Sterbehaus und eine Stätte des Grauens." (Wiener Zeitung vom 9. Dezember 1881, Nr. 280, Seite 1–2)

Landesgerichtspräsident Eduard Graf Lamezan (Mitbegründer der „Wiener Freiwilligen Rettungsgesellschaft") gelangte als Helfer mit den ersten Feuerwehrleuten in das Theaters und schilderte seine Eindrücke:

„Im vom Qualm erfüllten Foyer herrschte totale Finsternis. Wir sahen keine Menschen nur die Flammen, die im Parterre hell loderten und es war ganz still. Wieder machte die Stiege eine Biegung in gänzlicher Finsternis. Im selben Augenblick blitzte eine Flamme auf und das Haarsträubendste bot sich unseren Blicken. Wir sahen vier- bis fünffach übereinander gehäufte Menschenkörper vor uns liegen. Mit dem Oberkörper nach abwärts. Hie und da bemerkte man im Fackellicht noch die Bewegung einiger Glieder, das Zucken eines Fußes, das Zittern einer Hand. Soweit es meine Kräfte zugelassen haben, versuchte ich zu helfen und zu bergen." (Wiener Zeitung vom 9. Dezember 1881, Nr. 280, Seite 1–2)

Viele Leichen konnten nicht identifiziert werden. Daher wurde erstmals die Zahnstellung als Identifikationsmethode herangezogen und damit eine Grundlage für die später renommierte Wiener Schule der Kriminalistik gelegt. Es war der Einstieg in die forensische Zahnmedizin (vergl. Nachrichten aus der Eisenbibliothek, Band 69, 1997, S. 59-68).

Dieses Ereignis ist als die Geburtsstunde des organisierten Rettungsdienstes in Wien zu sehen, denn Baron Jaromír Mundy gründete am 9. Dezember 1881, also einen Tag nach dem Brand, mit Hans Graf Wilczek (1837-1922) und Eduard Graf von Lamezan (1835-1903) die „Wiener Freiwillige Rettungsgesellschaft". An dem Ort des Ringtheaters befindet sich heute die Wiener Polizeidirektion.

Mundy war wie kein anderer dazu berufen, einen Rettungsdienst zu schaffen. Er hatte Erfahrungen auf den Schlachtfeldern Europas gesammelt und war immer um den Ausbau und die Verbesserung der Militärsanität bemüht gewesen, was dem zivilen Rettungsdienst zugutekam. Sein Plan, ein zivilen Rettungsdienst ins Leben zu rufen war schon lange fertig. Dennoch mussten unzählige Schwierigkeiten und Anfeindungen überwunden werden, um ein gut organisiertes Rettungswesen zu schaffen. Es musste etwas passieren, damit etwas passierte.

Gründung der Freiwilligen Wiener Rettungsgesellschaft

Mundy sprach mit seinem Freund Hans Wilczek schon vor dem Ringtheaterbrand über eine für Wien so dringend erforderliches Rettungssystem. Mundy immer ungeduldig und energiegeladen wollte dieses Projekt mit Gewalt durchsetzen und zur Tat schreiten. Seine Idealvorstellung war eine Vereinsgründung. Der Verein sollte unter dem Protektorat des Prinzen von Wales, dem späteren König Eduard VII von England stehen. Mit dem

Ziel Erste-Hilfe- und Sanitätsdienst nur mit Freiwilligen zu besetzen. (vergl. Kinsky-Wilczek, 1933, S. 412). Die Behörden jedoch wollten davon nichts wissen. Sie stützten sich auf die, sich seit 1874 im Ausbau befindende Sanität und auch bei der Bevölkerung stieß Mundys Idee auf wenig Enthusiasmus. Lamezan, Wilczek und Mundy einigten sich, auf einen geeigneten Zeitpunkt zu warten, an dem die Bürger und Bürgerinnen der Stadt Wien den Willen zu helfen besser verstehen und annehmen würden. Dieser Zeitpunkt kam am 8. Dezember 1881, als das Ringtheater am Schottenring brannte, und die Wiener begriffen, wie ohnmächtig sie einer Katastrophe gegenüberstanden, und dass etwas geschehen musste. Hans Graf Wilczek war am 8. Dezember 1881 in Venedig, kehrte jedoch nach Bekanntwerden des Unglücks sofort nach Wien zurück (vergl. Kinsky-Wilczek Elisabeth, 1933 S. 412).

Wilczek und Mundy begannen sogleich mit der intensiven Arbeit. Zuerst wurde den Wienern und Wienerinnen verkündete, wozu sie sich entschlossen hatten. In weiterer Folge entstand ein Gründungskomitee bestehend aus 11 Mitgliedern:

Funktion	Inhaber
Präsident	Eduard Graf Lamezan
Protektor und Ehrenpräsident	Hans Graf Wilczek
Chefarzt und Schriftführer	Dr. Jaromir Freiherr v. Mundy
Vizepräsident (Referent für die Wasserwehr)	Robert Freiherr v. Walterskirchen
Chefkassier	Gustav Chaudior
Chefingenieur	Carl Völckner
Referent für die Feuerwehr	Adolf Berkovitsch
Chefarchitekt	Hofrat Prof. Franz Ritter v. Gruber
Chef der Magazine	Hugo Zippling, Viktor Rumpelmayer
Chef der Publizistik	Edgar von Spiegel

Am 2. Jänner 1882 wurde dem Kaiser ein Schreiben von Lamezan überreicht, das um Schutz und Unterstützung bat. Der Kaiser nahm dieses entgegen und versicherte seine Hilfe.(vergl. Rudolf Machala 1981 S 24)

So wurde die „Wiener Freiwillige Rettungsgesellschaft", die Hilfeleistungen bei plötzlichen Unfällen aller Art zur Verfügung stellte, ins Leben gerufen. Nun existierte eine Institution, deren ausgebildetes Personal Erste Hilfe leistete und zwar auf der Straße, in Betrieben, in Wohnungen und auf der Rettungsstation. Die Mannschaften bestanden größtenteils aus Medizinstudenten. Einer von ihnen war Emil Zuckerkandl. Nach ihm ist das Zuckerkandl-Organ benannt. Es dient in der Fetalperiode und während der Geburt der Blutdruckregulation. Auch die Zuckerkandl-Faszie, die derbe und wenig dehnbare Bindegewebshülle der Niere trägt seinen Namen. (vergl. The American Journal of Surgary 2006 S 224-234) Julius Tandler war ein Schüler Zuckerkandls. Als Student, ehe er ein österreichischer Anatom und sozialpolitisch tätiger Mediziner wurde, war er ebenfalls bei der Freiwilligen Rettungsgesellschaft tätig. Tandler nahm aufgrund seiner anatomischen Forschungsarbeiten einen bedeutenden Platz in der Geschichte dieses medizinischen Fachbereiches ein. Von großer Bedeutung war er auch für die Geschichte des Wohlfahrtswesens in Wien mit seinem Geschlossenen System der Fürsorge (vgl.„J.T. Mediziner -u, Sozialreformer" K. Sablik 1983). 1910 wurde Tandler Inhaber der ersten anatomischen Lehrkanzel an der Universität Wien als Nachfolger seines Vorgesetzten und Lehrers Emil Zuckerkandl.

Die „Freiwillige Wiener Rettungsgesellschaft" befand sich im 1. Bezirk Wiens, Am Fleischmarkt 1 (Ecke Rotenturmstraße).und von 1889 – 1897 in der Zentralsanitätsstation am Stubenring.

Ab 1897 befindet sich die Zentralsanitätsstation in der Radetzkystraße. Aufgrund der Medizinstudenten und späteren Wissenschaftlern erreichte die freiwillige Rettungsgesellschaft weitreichende Akzeptanz unter der Wiener Bevölkerung. Im Jahre 1887 erfolgte die Gründung der Unter Sankt Veiter Rettungsgesellschaft. Diese Rettungsstation lag an der Ecke Auhofstraße 72/St.-Veit-Gasse. Später wurde daraus die Hietzinger Freiwillige Rettungsgesellschaft (HFRG).

1934 nahm das Rote Kreuz als unpolitische Organisation zusätzlich die Arbeit des Arbeiter-Samariterbundes (im Folgenden ASB) auf sich. Wie auch andere sozialdemokratische Einrichtungen wurde 1934 der ASB von den Organen des Ständestaates verboten und verlor dabei auch sein Vermögen.

Mit dem Anschluss an das Deutsche Reich am 13. März 1938 trat der 1933 im Deutschen Reich verabschiedete Arierparagraph in Österreich in Kraft. Am 16. März 1938 wurden in einem Schreiben alle Mitglieder der „Wiener Freiwilligen Rettungsgesellschaft" aufgefordert, ihre Taufscheine und die ihrer Eltern bis zum 31. März 1938 zur Kontrolle vorzulegen um jüdische Bürger aus der Rettungsgesellschaft zu entfernen Ein Verbot von Spendensammlungen durch Vereine und Verbände brachte die Rettungsgesellschaft in Schwierigkeiten.

Durch einen Beschluss des NS-Bürgermeisters Hermann Neubacher wurde die „Wiener Freiwillige Rettungsgesellschaft" am 1. September 1938 von der Wiener Berufsfeuerwehr übernommen, sowie auch die städtische Sanität (damals Magistratsabteilung 26) am 15. Oktober des gleichen Jahres. Am 1. April 1940 wechselte die Betriebsführung des Rettungs- und Sanitätsdienstes von der Gemeindeverwaltung des Reichsgaues Wien zum Gesundheitsamt der Stadt Wien.

Heute wird der Rettungsdienst in Wien von der Magistratsabteilung 70, der Wiener Berufsrettung, wahrgenommen. Diese Magistratsabteilung ist in Wien breit aufgestellt und arbeitet mit den in Wien anerkannten Rettungsorganisationen (WRK, ASBÖ, Malteser, Johanniter, Grünes Kreuz und SMD) zusammen.

Die Ungarnrevolution 1956

Anfang 1956 verurteilte der sowjetische Präsident Chruschtschow die Methoden der Ära Stalin und löste damit in vielen Satellitenstaaten des Ostblocks Hoffnung aus. In Polen demonstrierten Arbeiter. Aus Sympathie gingen in Ungarn am 23. Oktober 1956 Studierende auf die Straße. In ihrer Erklärung forderten sie bürgerliche Freiheitsrechte, Demokratie und Unabhängigkeit, sowie die Rückkehr von Imre Nagy als Regierungschef. Nagy forderte die Demonstranten auf, nach Hause zu gehen.

Er wurde überraschend in der gleichen Nacht vom Zentralkomitee der Partei der ungarischen Werktätigen zum Ministerpräsidenten ernannt. Im Laufe des Nachmittags hatten Demonstranten in Budapest die monumentale Stalin-Statue gestürzt. Jene Handlung führte zu einem Volksaufstand, der sich in der Nacht weiter ausbreitete. Angehörige der Armee und der Polizei wechselten zu den Aufständischen. Wütende Menschenmassen

stürmten die kommunistische Parteiverwaltung und fallweise kam es zu Lynchjustiz. Die in Ungarn zu dieser Zeit stationierten sowjetischen Truppen mussten machtlos dabei zusehen.

Der Aufstand breitete sich auf andere Städte aus. Arbeiter-, Revolutions- und Nationalräte wurden gegründet und ein landesweiter Generalstreik lähmte Ungarn. Bei Feuergefechten mit dem Staatssicherheitsdienst kamen viele Menschen ums Leben. Doch bald erschienen wieder unabhängige Zeitungen und die Hoffnung auf das Ende der kommunistischen Herrschaft war groß. Imre Nagy führte ein Mehrheitsparteiensystem ein und wollte freie Wahlen vorbereiten. Am 1. November 1956 erklärte er die Neutralität und den Austritt Ungarns aus dem Warschauer Pakt, dem Zusammenschluss aller kommunistischen Satellitenstaaten der Union der Sowjetischen Sozialrepublik, dem Gegenpol der westlichen Nato-Staaten.

Doch die UdSSR erlaubte keinem ihrer Satellitenstaaten auszuscheren und es befanden sich bereits sowjetische Truppen auf dem Weg nach Budapest. Janós Kadar, der Zentralsekretär der kommunistischen Partei Ungarns und Ministerpräsident,

verhandelte mit Moskau und erklärte die Regierung von Imre Nagy für ungültig. Am 4. November 1956 griff die Sowjetarmee an und die Freiheitskämpfenden wurden in blutigen Auseinandersetzungen niedergeschlagen.

Es begann eine Massenflucht über Österreich in den Westen. Mehrere hunderttausend ungarische Frauen, Männer und Kinder verließen ihre Heimat. Darunter auch der spätere Leiter der Univ. Klinik für Unfallchirurgie im AKH. Ein junger Beamter hat im Fürsorgeamt im 3. Wiener Gemeindebezirk Ungarnflühtlinge betreut und auch KZ-Häftlinge unterstützt. Extern hat er Rechtwissenschaft studiert. Seine politische Chefin war Stadtrat Maria Jacobi. Der junge Beamte war von 2005 bis 2015 Präsident des WRK. Mit seiner Rotkreuz-Tätigkeit hat Dr. Karl Skyba den sozialen Kreis geschlossen.

Ministerpräsident Nagy wurde zum Tode verurteilt und im Juni 1958 hingerichtet, wie auch hunderte andere Personen (vergl. The American Hungarian Federation, AHF Honors the heroes of the 1956 Hungarian Revolution).

Die Malteser Hilfsstaffel

Anlässlich der Ungarnrevolution und dem daraus folgenden Flüchtlingsstrom wurde vom Großpriorat des Malteserordens in Österreich ein Hilfswerk gegründet, die Malteser Hilfsstaffel, die später zum Malteser Hospitals Dienst Austria wurde. Der Gründungskommandant war Dr. Percy Pachta-Rayhofen. Das Rote Kreuz (in weiterer Folge RK) und der Landesverband (in weiterer Folge LV) Wien und Niederösterreich unter Landesrettungskomandant Friedrich Proksch stellten der Hilfsstaffel die Räumlichkeiten der Hietzinger Rettung vom RK in Wien 1120 Bischofgasse zum Abstellen von Einsatzfahrzeugen zur Verfügung. Aus dieser Kooperation entwickelte sich eine aufrichtige Kameradschaft zwischen dem RK und den „Maltis", wie sie liebevoll genannt werden, die bis zum heutigen Tag besteht. In dieser Zeit war sogar der Malteser Kurt Stümpfel im Rang eines RK-Rettungsrates Kommandant der Hietzinger Rettung des RK und des LV Wien und Niederösterreich (im Folgenden LV Wien-NÖ).

Die Malteser Hilfsstaffel waren ein fixer Bestandteil im Dienstbetrieb des RK und wurden mit RK-Uniformen ausgestattet. Anfangs waren sie im RK-Einsatzbereich in RK-Fahrzeugen als Rettungssanitäter tätig. Als äußeres Unterscheidungsmerkmal trugen sie das emaillierte Malteserkreuz mit Krone auf der linken Brusttasche.

1960 kam es zu einem Trennungsbeschluss des LV in den LV Wien und LV NÖ. Der abgespaltene Wiener Teil wurde auf Anordnung des Generalsekretärs Hans Sefcik von der – wie die Bezeichnung damals lautete – Österreichischen Gesellschaft vom Roten Kreuze (mit Sitz in Wien 1, Milchgasse) bis zur Neugründung des LV Wien weitergeführt. Doch in Wien fehlte die entsprechende Infrastruktur. Die Malteser Hilfsstaffel war gezwungen eigene Räumlichkeiten zu beziehen und fand eine Unterkunft für den Rettungs- und Krankentransportdienst mit angeschlossenem KAT-Lager im 1. Bezirk Wiens, am Börseplatz 6. An diesem Standort entwickelte sich die Institution zum Malteser Hospitals Dienst Austria (in weiterer Folge MHDA). Das RK und der MHDA pflegten eine kollegiale Zusammenarbeit in den Bereichen operativer Dienst und Ausbildung. Der Eintritt des MHDA in den Funkverband der MA 70 war eine intensive Unterstützung für die Notfallrettung. MHDA-Kollegen waren mit in unserem Rettungsmittel unterwegs und bei Bedarf war ich als Fahrer für den Notarztwagen (NAW) und Rettungstransportwagen (RTW) am Börseplatz im Dienst. Bei den bundesweiten Katastrophenübungen und den Vorbereitungsarbeiten für den jährlichen „Lourdes Zug" unterstützen wir die Maltis mit unserem LKW dem „Lucky Truck". Als Fahrer – es war schon Tradition – war ich im Einsatz und es entstanden innige Freundschaften im Dienstbetrieb, besonders mit Gabor Onuska und Philipp Lütgendorf, der dann zum RK wechselte.

Der Weg von der Rot-Kreuz Blutbank zur Rot-Kreuz Blutspendezentrale

Die heutige Blutspendezentrale Wiens, Niederösterreichs und des Burgenlands wurde vom RK und dem LV Wien und NÖ am 27. September 1957 als Blutersatzstelle gegründet. Der erste Standort befand sich im 9. Bezirk Wiens in der Peregringasse. Dort hatte auch der LV Wien-NÖ seinen Sitz.

Die Bluttransporte in die Krankenhäuser Wiens, Niederösterreichs und des Burgenlands wurden von der Rettungskolonne Hietzing, vom RK und dem LV Wien-NÖ getätigt.

Aufgrund der guten Zusammenarbeit zwischen der Blutspendezentrale und dem LV Wien werden dringende Blutkonserven wie in der Anfangszeit auch heute noch in der Nacht im Rahmen des RK-Rettungsdienstes in die Krankenhäuser geliefert. Mit einer jahrelangen Selbstverständlichkeit werden auch Offiziere des LV Wien zu den Blutspenderehrungen eingeladen. So soll den Geehrten vermittelt werden, dass die Blutspende einen integralen Bestandteil der präklinischen Versorgung durch die Notfallrettung des RK und der weiteren Behandlung in den Krankenhäusern darstellt.

Die Chronik dieser Rot-Kreuz-Einrichtung, dem Blutspendedienst
die eine für unsere Gesundheit so wichtige Institution darstellt:

1960	Die Blutbank übersiedelt in die Blutspendezentrale in der Gußhausstraße im 4. Bezirk Wiens, wo sich auch das Österreichische Rote Kreuz (in der Folge ÖRK) befindet.
1975	Der erste Blutspendebus für Blutspende-Veranstaltungen für externe Blutspendeveranstaltungen wird in Betrieb genommen.
1978	Die Blutgruppenbestimmung wird automatisiert.
1984	Die Blutspendezentrale stellt auf EDV um.
1985	Als erste Blutbank Europas wird die HIV-Antikörper-Routinetestung eingeführt.
1990	Die HCV-Antikörper-Routinetestung wird eingeführt.
1991	Die Blutspendezentrale übersiedelt in die Wiedner Hauptstraße 32, dem Sitz vom ÖRK.
	Thrombopheresen (medizinisches Verfahren, das extrakorporal mithilfe spezieller Apparate bestimmte Bestandteile gezielt aus dem Blut entfernt) werden durchgeführt. Die FFP (Fresh Frozen Plasma) Methode wird eingeführt. Dieses schockgfrorene Blutprodukt das die flüssigen und gelösten Bestandteile des Blutes enthält, während die korpuskulären Bestandteile (Zellen des Blutes: Erythrozyten, Leukozyten Thrombozyten) durch Zentrifugieren weitgehend entfernt werden
1995	Einführung von Neopterin-Tests (Neopterin gilt als unspezifischer Marker des Immunsystems mit dem virale, parasitäre und bakterielle Infektionen frühzeitig aufgespürt werden)
1996	Die Blutspendezentrale wird zum Ambulatorium. Einführung der Inline-Filtration. Bei der Inline-Methode sind zwei Sterilfilter hintereinandergeschaltet, von denen aus das Filtrat direkt der Abfüllanlage zugeführt wird (Sterile Filtration). Der Umbau der Blutspendezentrale findet statt.
	Das GMP-Zertifikat (Good Manufacturing Practice) sichert Standards in der pharmazeutischen Produktion und bietet ein Gesamtpaket für vorschriftskonforme Betriebsabläufe.

	Es wird auf ein geschlossenes Abnahmesystem (für die Blutabnahme mittels Venenpunktion steht ein geschlossenes Abnahmesystem, Vakuumsystem zur Verfügung) umgestellt.
1996/97	Die Umstellung auf die neue EDV findet statt.
1997	Einführung Leukozytendepletierte Erythrozyten-Konzentrate (unter der Leukozytendepletion versteht man die Entfernung der Leukozyten aus Blutpräparaten vor der Transfusion).
1998	Ab diesem Zeitpunkt wird die Qualität der gesamten Arbeitsabläufe der Blutspendezentrale nach ISO 9001 zertifiziert.
1999	Das Blutsicherheitsgesetz wird eingeführt. Dieses Bundesgesetz regelt die Gewinnung und Testung von menschlichem Blut und Blutbestandteilen sowie die damit zusammenhängenden Sicherheitsmaßnahmen, um Spendenden und Patienten und Patentinnen den bestmöglichen Schutz zu bieten. Die Einführung der PCR-Routine-Testung auf HIV (- Humane Immundefizienz-Virus), HCV-Hepatitis C-Virus und HBV-Hepatitis B-Virus wird eingeführt.; (Ein PCR-Test ist ein Test nach der Methode der Polymerase-Kettenreaktion (englisch: polymerase chain reaction). Das EDV-gestütztes Call-/Service-Center wird gegründet.
2000	Quarantäneplasma (fresh frozen plasma – FFP) wird bis zur endgültigen Freigabe nach späterer erneuter Testung des Blutspenders (Virushepatitis, HIV) vom Gebrauch zurückgehalten.
2001	Die Multikomponentenspende wird in der Blutspendezentrale eingeführt. Mit dieser Methode können Vielfachspenden von Blutbestandteilen wie zum Beispiel eine Erythroplasmapherese (Spende von Plasma und roten Blutkörperchen), eine Thrombozytenapherese (Spende von roten Blutkörperchen und Plättchen), eine Spende von Blutplättchen, die in zwei Beuteln gesammelt werden, und eine Plasmaapherese (Spende von Blutplasma und Blutplättchen) durchgeführt werden.

Rettungskrieg in den 50er Jahren in Wien

Ausgangspunkt für diese „kriegerische Auseinandersetzung" war eine Anfrage des Roten Kreuz, Landesverband Wien/NÖ am 2. Juli 1953, die sich an den Wiener Polizeipräsidenten Holaubek richtete:

> *„Sehr geehrter Herr Polizeipräsident, zurückkommend auf unser Telefongespräch mit Ihnen, sehr geehrter Herr Präsident, erlaube ich mir, Sie davon zu verständigen, dass die private Hietzinger freiwillige Rettungsgesellschaft aufgelöst wurde. Der Landesverband vom Roten Kreuz für Wien und Niederösterreich hat stattdessen eine Bezirksstelle des Roten Kreuzes mit motorisiertem Rettungsbetrieb und unter dem Ehrennamen Bezirksstelle Hietzinger freiwillige Rettungsgesellschaft des Landesverbandes vom Roten Kreuz für Wien und Niederösterreich konstituiert. Auf Grund einer seinerzeitigen Verfügung war es den Polizeiorganen verboten, die Hietzinger Rettungsgesellschaft zu Hilfeleistungen heranzuziehen. Ich erlaube mir, nun im Namen des Präsidiums des Roten Kreuz, Landesverband für Wien und Niederösterreich zu bitten, dass diese Verfügung für das in Wien tätige Rote Kreuz nicht angewendet wird, Richard Kurtics, Präsident." (vgl. Wiener Geschichtsblätter 1954 S 292 – 293))*

Nun war es so weit, die Hietzinger hatten sich unter den Schutz des Roten Kreuzes gestellt und waren damit kein privater Verein mehr, sondern gehörten zu einer international anerkannten Organisation.

„Obwohl der Städtische Rettungs- und Krankenbeförderungsdienst den vielfachen Anforderungen, die namentlich infolge des rapiden Ansteigens der Verkehrsunfälle
an ihn gestellt werden allein nicht nachkommen kann,
versucht die Gemeindeverwaltung doch, mit allen Mitteln die höchst anerkennenswerte Tätigkeit der Hietzinger freiwilligen Rettungsgesellschaft zu unterbinden und
dessen Leistungen zu bagatellisieren." (vergl. Wiener Ge-
schichtsblätter 1954, S. 292-293)

So ging es einige Zeit weiter, ein Schreiben hin, ein Schreiben her. Der Stil wurde immer bestimmter und unfreundlicher. Der Sicherheitswache wurde die Alarmierung der Hietzinger freiwilligen Rettungsgesellschaft des RK und LV Wien und NÖ nach wie vor verboten. So kam es fallweise vor, dass ein Wachebeamter einem Passanten eine Schillingmünze in die Hand drückte und ersuchte, die Hietzinger zu verständigen mit dem Hinweis, dass diese Rettung schneller Vorort sei. Keine der Streitparteien wollte nachgeben und die Doppelinterventionen mehrten sich. Ende 1957 verzeichnete der städtische Rettungsdienst 45 Leerinterventionen. Bei meinem Eintritt 1958 entstanden kuriose Situationen. Wir hörten den Polizeifunk ab und fuhren mit Blaulicht mit einem oder mehreren Wägen zum Unfallort. Kurz vor unserem Eintreffen schalteten wir das Blaulicht aus. So konnten wir vorgeben zufällig vorbeigekommen zu sein. Unsere VW-Transporter waren im Stadtverkehr wesentlich wendiger als die alten, trägen Opel-Rettungswägen der Gemeinde Wien. Manchmal fuhren wir von zwei Seiten zu, um der Wiener Rettung den Weg abzuschneiden. Das war für die Bevölkerung natürlich ein Schauspiel. Die Wiener Rettung zog oft den Kürzeren. Manchmal wurden wir von der Wiener Rettung verfolgt und der Arzt der Wiener Rettung bestand darauf, unseren Patienten zu sehen und ärztliche Hilfe zu leisten. In unseren Wägen war ebenfalls ein Arzt anwesend und so kamen sich die beiden Mediziner in die Haare. Unsere Rettungsärzte wurden aufgefordert, sich zu legitimieren. Die Ärzte hatten im Dienst weiße Kleidung zu tragen, aber trotzdem wurden sie oft gefragt, ob sie Ärzte sind. Die Antwort war dann immer: „Sehe ich aus wie der Milchmann, Herr Kollege!"

Wir bei der „Hietzinger" waren eine junge motivierte Generation von Idealisten und den älteren Kollegen der Wiener Rettung überlegen. Die „Hietzinger" hatten bei der Bevölkerung einen guten Ruf und die Leute wählten daher oft den direkten Notruf L10 100 und später 82 12 11. Leidtragende der Auseinandersetzung waren aber die Patienten. In weiterer Folge gab es seitens der Gemeindeverwaltung Vorschläge zu einer Gebietsabtrennung. Das akzeptierte aber das RK nicht. Schließlich stand die gesamte Übernahme des Rettungs- und Krankentransportdienst durch das RK bevor.

Durch die breite Akzeptanz der „Hietzinger" bei der Wiener Bevölkerung wäre die Auflösung der Wiener Rettung bloß eine Frage der Zeit gewesen. Das Ziel von Landesrettungskommandant Friedrich Proksch war es, den gesamten Rettungsdienst in Wien zu übernehmen. Die Bediensteten der Gemeinde Wien sollten mit allen Rechten vom Roten Kreuz übernommen werden. Dieses -Projekt scheiterte aber aufgrund des Widerstandes in Niederösterreich. Der niederösterreichische Teil des Landesverbandes argumentierte, dass Niederösterreich dieses Wiener Projekt nicht mitfinanzieren werde. Dieser „Kantönli-Geist" belastete jedoch den LV Wien-NÖ und so musste das Rote Kreuz knapp vor dem Ziel, der Übernahme des Rettungsdienst in Wien, aufgeben. Im neu gegründeten LV Wien im Jahre 1961 schlief der Rettungskrieg ein. Am 07. Oktober 1963 wurde zwischen dem WRK und der MA17, Städtischer Rettungs -und Krankenbeförderungsdienst ein Einsatzvertrag abgeschlossen. Mit diesem Einsatzvertrag wurde versucht, die Geschehnisse der Vergangenheit (Rettungskrieg) beizulegen. Die Leitstellendisponenten der Wiener Rettung wurden angewiesen, Einsätze auch an das RK weiterzugeben. 1977 wurde das Wiener Rote Kreuz (im Folgenden WRK) in den Rettungsverbund der Gemeinde Wien als gleichwertiger Partner der Notfallrettung aufgenommen. Nach meinen Aufzeichnungen folgten der ASB 1978, die Johanniter 1986. Philipp Lütgendorf hatte im Jahr 2000 erfolgreich den Beitritt des Malteser Hospitaldienstes in den Rettungsverbund der Gemeinde Wien zustande gebracht. Ab diesem Zeitpunkt traten das Rote Kreuz, der Arbeitersamariterbund, die Johanniter und der MHDA unter der Bezeichnung „Die Vier von Wien" auf.

Mit der Verabschiedung des SanG. (2002) und der damit einhergehenden gesetzlichen Ausbildung war es auch für andere in Wien tätige Rettungsorganisationen möglich, eine Teilnahme zu beantragen. Diese Anträge wurden nach Prüfung der erforderlichen Voraussetzungen auch genehmigt.

Einstieg als junger
Rot-Kreuz Helfer

Die Aufnahmeformalitäten am 15. Juli 1958 – wenn man diese so bezeichnen kann – waren schnell erledigt. Ich wurde Hans Wazda vorgestellt, der zu der Zeit ein um die fünfzig Jahre alter ehrenamtlicher Kommandant der Rettungskolonne Hietzing und hauptberuflich beamteter Oberinspektor der Wiener Gaswerke war. In dieser Zeit wurde von den Wiener Gaswerken noch das äußerst gefährliche Leuchtgas aus Koks erzeugt und in den Gasometern in Erdberg gespeichert, das zu häufigen Interventionen bei Leuchtgasunfällen im Rettungsdienst führte. Wazda stellte fest, dass ich am Sankra – heute Krankentransportwagen (KTW) bzw. Sanitätseinsatzwagen (SEW) – in meinem Alter noch nichts verloren hätte.

Vorerst musste ich einen Erste-Hilfe-Kurs beim Chefarzt Dr. Hannak absolvieren. „Bub, wenn du mit dem Kurs fertig bist, dann melde dich wieder bei mir. Zwischenzeitlich kannst du zu den Fußball-Ambulanzen mitgehen und meinen Leuten bei der Arbeit zuschauen. Ich betone zuschauen. Vorher gehst du in den ersten Stock zu Herrn Jukl in die Kleiderkammer und fasst deine Uniform aus." Gesagt getan. Der damals 44-jährige Heinrich Jukl war kein Maßschneider und legte mir kommentarlos eine graue Uniform hin. Sie passte zwar nicht besonders gut, war aber in dem Moment mein ganzer Stolz. Das war dann die Aufnahme. Das erste „Modul" der Ersten-Hilfe absolvierte ich gemeinsam mit dem Kollegen Ing. Franz Reiterer. Franz war später Stammfahrer der Baby-Tour in der RK-Station Spallartgasse, ein vom WRK für Frühgeburten zur Verfügung gestellter Transferierungs-NAW. Der Arzt stieg im jeweiligen Krankenhaus zu. Die Theorie hat nicht nur Dr. Fritz Hannak vorgetragen, sondern auch Günter Czelot, der in späteren Jahren beim Wiener städtischen Rettungsdienst in der Leitstelle tätig war. Damals war die Leitstelle in der Nacht nur mit einem Journaldienst – heute Leitstellendisponent – besetzt. In einem Nachtdienst kam es zu einem Polizei-Einsatz. Der Grund dafür war, dass sich für längere Zeit niemand bei der Notrufnummer 144 meldete. Ein Funkwagen der Polizei wurde zur Rettungszentrale in die Radetzkystraße geschickt. Dort weckten die Beamten einen Journaldienstbeamten auf, der friedlich im Drehsessel schlief.

Von einer strukturierten Ausbildung war das Roten Kreuz zu dieser Zeit noch weit entfernt. Ein Erste-Hilfe-Kurs hat damals gereicht. Der Rest der Ausbildung erfolgte durch „Learnig by Doing" mit erfahreneren hauptamtlichen Kollegen. Ich war bereit, mich in den Rettungsalltag von damals zu stürzen. Wunschmeldungen wurden nicht akzeptiert und man musste den Dienst antreten, zu dem man eingeteilt worden war. Die Einteilenden und Dienstführenden waren die Kollegen im Journaldienst. Die unbeliebtesten Dienste waren die in den Ambulanzräumen der Wiener Bahnhöfe.

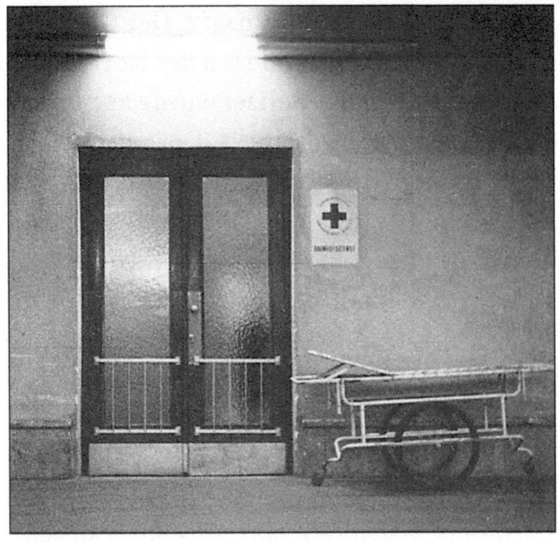

Diese Ambulanzräume wurden unter Landesrettungskommandanten Friedrich Proksch im Jahre 1955 eröffnet. Sie waren 24 Stunden besetzt, an Wochentagen von 07:00 Uhr bis 19:00 Uhr von hauptamtlichen Kollegen und die restliche Zeit von Freiwilligen. Das Equipment dieser Ambulanz bestand aus einem

Ambulanzbett, einem Verbandskasten, Schmerzmedikamente in Pulverform in Papiertütchen abgepackt, Kreislaufmedikamente in Tropfenform und einem Fieberthermometer. Ein kleiner Schreibtisch, zwei Sessel und ein Block Einsatzscheine rundeten das Equipment ab. Vor dem Ambulanzraum befand sich eine Rädertrage.

Der beliebteste Dienst war der Krankentransport, denn in diesem Bereich hatten wir mehr Kontakt zu Patienten und Krankenstationen. In jedem Wagen war außer der Transportmappe – abgesehen von der notdürftigen Ausrüstung im Krankenabteil – auch ein Notizblock, wie sie von Kellnern in Gaststätten verwendet werden. Auf diesem Notizblock wurden dann die Spenden pro Transport dokumentiert. So wurde in dieser Zeit das Einsatzgeschehen mitdokumentiert. Diese Regelung existierte bis zur Übersiedlung in die „neue" Rettungsstation – eine alte aufgelassene Nebenfeuerwache der Wiener Feuerwehr – in der Spallartgasse 7. Das Haus Spallartgasse 10a, das ursprünglich als Schwesternheim für das St. Anna Kinderspital vorgesehen war, war damals noch nicht einmal in Planung.

Der EH-Wagen (heute NAW) war mit einem Arzt, einem Fahrer und einem Sanitäter. (manchmal zwei Sanitätern) ausgestattet. Bis zur Auflösung des LV Wien-NÖ gab es zwei EH-Wägen. Einen im 12. Bezirk Wiens in der Bischoffgasse und den zweite im 23. Bezirk in der Altmannsdorferstraße Stadtgrenze Wien. Diese Fahrzeuge wurden auch von der Gendarmerie in Niederösterreich – damals noch LV Wien-NÖ – angefordert. Von diesen Stationen aus wurden Einsätze bis Purkersdorf-Pressbaum und fallweise bis zum Riederberg angefahren, obwohl es noch keine Autobahn gab. Ein Idealist, der diese Einsätze häufig gefahren ist war mein langjähriger Teamkollege Rainer Geist, der liebevoll „Ewiger EH-Sani" genannt wurde. Ich hatte das Vergnügen bis in die Neunziger gemeinsam mit ihm in der Notfallrettung zu arbeiten. Rainer war auch der geistige Vater der neunen Hochdach-NAW-Generation von VW LT 31. Bei einigen Kollegen war der EH-Dienst weniger beliebt. Ein Grund, aus denen sich der EH-Dienst nur geringer Beliebtheit erfreute, waren die selteneren Ausfahrten. Im Krankentransport wurden in Spitzenzeiten bis zu elf Ausfahrten in zwölf Stunden gefahren und nach Dienstschluss prahlte jene Tour, die die meisten „Drahra", also Krankentransporte, gemacht hatte. Es war ein richtiger Wettbewerb. Und das alles ohne Zivildiener, denn die gab es da noch nicht. Aufgrund der wenigen Ausfahrten wurde die EH-Besatzung auch zu Hausbesorgern. Die Tätigkeiten reichten von Schneeschaufeln bis zur Reinigung des nicht benötigten Fuhrparks. Mein erster offizieller Dienst war ein unbeliebter Tagdienst im Ambulanzraum am Westbahnhof. In komplett grauer Uniform durfte ich stolz mit hoch erhobenem Haupt mit den öffentlichen Verkehrsmitteln direkt zum Westbahnhof fahren und dort meinen ersten selbstständigen Dienst antreten.

Rauschgiftaffäre

Nach der Unterzeichnung des Staatsvertrages am 15. Mai 1955 und dem Abzug der Besatzungsmächte wurden Medizinprodukte und technische Geräte für die weitere Verwendung – sofern noch brauchbar – in Österreich gelassen und an humanitäre Institutionen verteilt. Dem LV Wien-NÖ wurden sanitätstechnische Geräte und Sanitätskraftwägen der Marke Morris, die mit einer Klingel anstatt des Folgetonhornes ausgestattet waren, übergeben. Eine Kiste Morphium wurde ebenfalls zur Verfügung gestellt. Viele dieser Sachen waren aber nach Beendigung des Ungarneinsatzes im Jahre 1956 unbrauchbar. So auch die Suchtmittel. Vor der Trennung der LVs Wien und Niederösterreich wurden anlässlich einer Bestandaufnahme im März 1960 diese Medikamente im Lager Mödling wieder entdeckt. Mein Vater, Sanitätskraftfahrer beim Roten Kreuz Landesverband Wien/NÖ erhielt vom RK-Offizier Heinrich Jukl den Auftrag das Morphium bis zur Vernichtung gesichert aufzubewahren.

Aufbewahrt wurden das Morphium von meinem Vater in einem versperrbaren Metallkasten. Dabei wurde mein Vater offenbar von jemandem beobachtet und als Diebstahl zur Anzeige gebracht. Am 24. Dezember 1960 berichtete die Arbeiterzeitung:

„Die Voruntersuchung gegen die beiden Männer verlief negativ, sodass das Verfahren gegen sie eingestellt wurde. Plankenbüchler und Jukl sind zweifellos unschuldig".

Auflösung des LV Wien-NÖ

Die Auseinandersetzungen mit der Wiener Gemeindeverwaltung hatte den LV Wien-NÖ schwer belastet. Im Juli 1960 erfolgte dann die Trennung in Wien und Niederösterreich. Die Generalversammlung wurde von niederösterreichischen und Wiener Delegierten besucht, wobei die Delegierten aus Niederösterreich in der Überzahl waren. Der Abspaltungsbeschluss wurde mit einer Stimmenmehrheit der niederösterreichischen Delegierten beschlossen. Gemäß des Trennungsbeschlusses durch die Österreichische Gesellschaft vom Roten Kreuz am 18. Juni 1960 wurde nun der LV NÖ vom Wiener Verband getrennt. Heinrich Jukl wurde vom Landesrettungskommandanten Friedrich Proksch beauftragt die Rettungsstation Bischoffgasse zu räumen und dem LV NÖ zu übergeben. Heinrich Jukl war nach der Trennung hauptamtlicher Bezirkssekretär, zeitweise Bezirksstellenleiter Stv. der Bezirksstelle Schwechat und später Kommandant der Sondereinheiten im KAT-Lager Mödling. Er trat dem RK am 1. November 1947 bei und bei seiner Pensionierung am 1. Februar 1980 war sein höchster Dienstgrad Oberrettungsrat.

Im Zuge der Abspaltung wurden nur wenige hauptamtliche Mitarbeiter aus dem Landesverband Wien und NÖ vom LV NÖ übernommen. Ein Teil der nicht übernommenen Mitarbeiter trat der Wiener Rettung bei, während andere versuchten freiwillig geleistete Überstunden, über das Arbeits- und Sozialgericht geltend zu machen. Es folgten Verfahren zwischen Rot-Kreuz-Mitarbeitern und dem LV, da die Arbeitszeitregelungen nicht so genau genommen worden waren. Nach einem 24-Stundendienst wurde nach Dienstende beim Journaldienst angefragt, ob ein Überlandtransport angemeldet sei. War das der Fall, wurde dieser Transport ohne gesonderten Auftrag freiwillig von Hauptamtlichen in der Freizeit durchgeführt. Das hauptamtliche Personal war damals noch nicht gewerkschaftlich organisiert und die Übernahme einer unbezahlten Tätigkeit vom Vorgesetzten gern gesehen.

Das verbliebene Rot-Kreuz-Wien-Personal bestand aus vier Funktionären, Friedrich Bursa, Kurt Winkler, Viktor Karel und Otto Hadl, sowie einer Handvoll hauptamtlicher und ehrenamtlicher Mitarbeiter. Ihnen standen ein paar Sanitätskraftwägen älteren Baujahrs und ein LKW der Marke Steyr 380 zur Verfügung. Otto Hadl war aufgrund von Zerwürfnissen mit dem Kommandanten der Rettungskolonne Hietzing Hans Wazda nicht mehr aktiv. Er war erst ab der Gründung des LV Wien wieder für das Rote Kreuz tätig.

In dieser Zeit sprang das ÖRK unter Generalsekretär Hans Sevcik ein und übernahm den Wiener Teil des Roten Kreuz interimistisch. Es gab aber keine Uniformen mehr, da diese Heinrich Jukl nach Niederösterreich mitnehmen musste. Die verbliebenen Mitarbeiter wurden für die Arbeit im Rettungs- und Ambulanzdienst vom ÖRK mit grauen Overalls versorgt. So konnte ein notdürftiger Weiterbestand des abgespaltenen Wiener Teils und die weitere Betreuung von Patienten Spitälern und Kunden im Raum Wien sichergestellt werden. Oft wurden wir wegen unserer Adjustierung in den Krankenhäusern mit Handwerkern verwechselt. Bis zur Gründung des eigenständigen LV wurde auf Basis dieser Zwischenlösung gearbeitet.

Gründung des Wiener Landesverbandes

Während die WRK-Mitarbeiter- im Rettungsdienst und Ambulanzdienst mitarbeiteten, verhandelten die in Wien verbliebenen Funktionäre Friedrich Bursa, Kurt Winkler und Viktor Karel intensiv mit dem ÖRK über die Neugründung eines Wiener LV. Es wurden brauchbare Konzepte erstellt und unter dem Vorsitz des ÖRK-Präsidenten DDr. Hans Lauda (Lauda war von 1956 bis 1974 ÖRK-Präsident) konstituierte sich ein Proponenten Komitee, das sich ausfolgenden Personen zusammensetzte: Univ. Doz. Dr. Alfred Gisel, Stadtrat Prim. Dr. Otto Glück, Generaldirektor Oskar Henisch, Frau Stadträtin Maria Jacobi, Landesschulinspektor Hofrat Dr. Albert Krassnigg, Nationalratsabgeordneter Johann Kutschera, Präsident h. c. Julius Meinl, Generaldirektor Erich Miksch und Prof. Dr. Fritz Schürer-Waldheim. Dem Proponenten Komitee oblagen die Vorbereitungen für die Gründung eines neuen LV Wien. In acht Sitzungen wurde ein Statutenentwurf ausgearbeitet und nach der Genehmigung der Statuten durch die Vereinsbehörde wurde die Gründungsversammlung einberufen.

Am 28. Juni 1961 wurde den Wiener Rot-Kreuz Mitarbeitern folgende Einladung zugeschickt:

„Die ÖSTERREICHISCHE GESELLSCHAFT VOM ROTEN KREUZ, 1010 Wien, Milchgasse 3 gestattet sich hiermit, Sie zu der am Mittwoch, den 28. Juni 1961 pünktlich 19 Uhr im HAUS DER INDUSTRIE, Wien 1. Schwarzenbergplatz 4/1.Stock stattfindenden GRÜNDUNGSVERSAMMLUNG DES LANDESVERBANDES WIEN höflichst einzuladen. Um pünktliches Erscheinen wird gebeten.

Mit ROT-KREUZ-GRUSS,

Hans Sevcik, Generalsekretär

BETRIFFT:

BEZUG:

WIEN,
IV. GUSSHAUSSTRASSE 3
TEL.: 65-37-37
TELEGR.-ADR.: AUSTROREDCROSS, WIEN

UNSER ZEICHEN:
(IM ANTWORTSCHREIBEN BITTE ANGEBEN)

E I N L A D U N G .
==============================

Die ÖSTERREICHISCHE GESELLSCHAFT VOM ROTEN KREUZ

gestattet sich hiemit, Sie zu der am

Mittwoch,den 28.Juni 1961, punkt 19 Uhr

im HAUS DER INDUSTRIE

W i e n 1, Schwarzenbergplatz 4,1.Stock

stattfindenden

G R Ü N D U N G S V E R S A M M L U N G
==

des Landesverbandes WIEN

höflichst einzuladen.

Um pünktliches Erscheinen wird gebeten.

Mit ROT-KREUZ-GRUSS!

Hans SEVCIK
Generalsekretär

POSTSPARKASSENAMT WIEN · KONTO-NR. 181.861 / ERSTE ÖSTERR. SPARCASSE, WIEN I. GRABEN 11 · GIROKONTO-NR. 307.969

Auf Vorschlag des Wahlkomitees unter dem Vorsitz von Präsident DDr. Hans Lauda, wurden folgende Personen einstimmig gewählt:

Präsidentin	Stadtrat Maria Jacobi
Vizepräsidenten	Stadtrat Prim. Dr. Otto Glück Prof. Dr. Fritz Schürer-Waldheim
Landesrettungskommandant	Altabgeordneter zum Nationalrat Johann Kutschera

Am 29. Juni 1961 erhielten die WRK-Mitarbeiter dieses Informationsschreiben von der Präsidentin Maria Jacobi:

„AN ALLE ANGEHÖRIGE DES LANDESVERBANDES WIEN!
Seit 28. Juni 1961 besitzt die Stadt Wien einen selbstständigen Landesverband, dessen Aufbau noch viel Arbeit erfordert.
Das mit Ihrer Mithilfe gewählte Präsidium wird bestrebt sein, mit Ihnen das große Ziel zu erreichen, immer und überall jenen Menschen, die in Not sind, zu helfen.
Ich bitte Sie deshalb, helfen Sie mit, dass unser Landesverband jene Größe erreicht, die der Bundeshauptstadt würdig ist.
Ihnen und dem Landesverband Wien wünsche ich viel Erfolg für die Zukunft und danke Ihnen für die Bereitschaft bei der großen Aufgabe mitzuarbeiten.“

Das RK Wien war am Gründungstag, dem 28. Juni 1961, wie folgt aufgestellt:

Landesleiterin (Kommandantin der Helfer*innen)	Sr. Helma Ginter
Landessekretär (Landesgeschäftsführer)	Alfred Spanner
Verbandsausschuss (Arbeitsausschuss)	Dr. h. c. Julius Meinl Gen. Dir. Oskar Heinisch Gen. Dir. Erich Miksch Dr. August Ruzicka (Jugendrotkreuz) Dr. Hermann Schnell Dr. Friedrich Wendl
Ehrenamtliche Ärzte	3
Ehrenamtliche Helferinnen	30
Ehrenamtliche Helfer	135
Hauptamtliche Mitarbeiter LV	3
Hauptamtliche Mitarbeiter RD	22
alte KTW	8
LKW Steyr, Type 380 mit Planen Aufbau	1
Funkgeräte	11
Einsatzstärke Tagdienst	3-5 KTW
Nachtdienst	2 KTW
Tagdienste im ersten Jahr	2720 je 12 Stunden
Nachtdienste im ersten Jahr	1632 je 12 Stunden

Die Rettungsstation befand sich in einer aufgelassenen Nebenfeuerwache im 14. Bezirk in der Spallartgasse 7a.

Anlässlich des zehnjährigen Bestehens des Landesverbandes
schrieb DDr. Hans Lauda zum Geleit in der Festschrift:

> *„Es gilt insbesondere den Rettungsdienst aus dem Nichts*
> *aufzubauen, die Betreuung Alter und Kranker sowie je-*
> *ner Menschen, die an der Prosperität und am Wohlstand*
> *der heutigen Zeit nicht teilhaben können. Diese Aufga-*
> *ben können jedoch nur gemeistert werden, wenn der ein-*
> *geschlagene Weg des WRK, bereits unsere Jugend zu To-*
> *leranz, Achtung des Mitmenschen und Hilfsbereitschaft*
> *zu erziehen, verfolgt wird.“*

Wasserrettungsdienst und Winterunfalldienst

Wasserrettungsdienst

Rainer Geist erzählt:

„Bei meinem Eintritt 1958 wurden durch die Hietzinger Rettungskolonne (teilweise verstärkt durch Kollegen aus der Sanitätskompanie des LV NÖ Grundsteingasse z. B. Ernst Barak) die Plätze für den Wasserrettungsdienst (im Folgenden WRD), Kaiserwasser (Alte Donau) und Stürzelwasser (Gebiet der heutigen Donau-City), besetzt. Auf der anderen Uferseite wurden die Seitenarme der Alten Donau vom ASB betreut.".

In dieser Zeit wurden wir anfangs zum Wasserrettungseinsatz mit einem LKW samt Material und aufblasbarem Schlauchboot zum Stürzelwasser gebracht und dann wieder abgeholt. Als LKW-Fahrer fungierte oft Karl Aschbeck und Gustav Bräuer.

Aus Erzählungen ist auch bekannt, dass fallweise zwei weitere WRD-Plätze im Süden besetzt wurden, der sogenannte Butterteich und der Flösslteich.

Ein weiterer an der Alten Donau gelegener WRD-Platz, die Rehlacke wurde damals noch von der Malteser Hilfsstaffel betreut und erst später an das WRK abgegeben.

Nach der Gründung der ersten Bezirksstellen wurde das „Kaiserwasser" vorwiegend von der Bezirksstelle West mit Unterstützung der Bezirksstelle Bertha von Suttner (Schwestern-Bezirksstelle) betreut und die Rehlacke von der Bezirksstelle Van Swieten. Nach Fertigstellung der neuen Donau gab es am Stürzelwasser keine Einsätze mehr, sondern es wurden neue WRD-Plätze auf der Donauinsel geschaffen. Diese wurden dem ASB und der Österreichischen Wasserrettung (ÖWR) zugeteilt. Auch die beiden WRD-Plätze im Süden Wiens wurden mit der Auflösung des LV Wien/NÖ aufgelassen.

Zuletzt blieben nur mehr die WRD-Plätze „Kaiserwasser" in der Zuständigkeit der Bezirksstelle West und Rehlacke in jener der Bezirksstelle Van Swieten übrig. Der MHDA hatte die Dienste im WRD-Bereich eingestellt. Der ASB war und ist auf seinen Plätzen (vorwiegend Neue Donau aber zeitweise auch noch Kuchelau) nach wie vor aktiv.

Fahrzeuge und Ausrüstung

Anfangs waren im Wasserrettungsdienst Schlauchboote mit Rudern im Einsatz. Diese mussten bei Ambulanzbeginn aufgepumpt und später wieder zusammengelegt werden. Diese Schlauchboote wurden teilweise durch angemietete Elektroboote ergänzt. Für das Kaiserwasser wurde später vom Bootsverleih Schwarz in Folge einer Intervention von Leo Schönhofer und mir eine Ruderplätte zur Verfügung gestellt.

Diese Plätte war mit einem roten Kreuz gekennzeichnet und wurde über den Winter beim Bootsverleih Schwarz eingestellt. Durch Intervention von Hans Pospisil wurde vom Kaufhaus Gerngross ein Einsatz-Klappfahrrad gespendet, das mit SAN-Equipment ausgerüstet und für Kontrollfahrten verwendet wurde.

Für den WRD-Platz Rehlacke hatte Bezirksstellenleiter Mag. Lorenz Wehrstein ein großes und besonders gekennzeichnetes Schlauchboot mit Elektromotor als Rettungsboot für Einsätze gespendet. Später spendete er noch einen Außenbord-Motor. Dieses Boot durfte mit einer Sondergenehmigung auch auf der Alten Donau betrieben werden. Für das Donau-Patent gab es auch einen eigenen Schiffsführerlehrgang. Erfolgreiche Teilnehmer waren unter anderem Mario Gruss, Ernst Barak und ich. Für dieses Boot stand ein eigener Boots-Anhänger und ein ehemaliger K-Anhänger mit Dachgalerie zur Verfügung.

Rainer Geist erinnert sich an meinen Einsatz mit Reanimation während der Fahrt in Badehose und zeigt die exakte Einhaltung der Vorgaben für eine unterbrechungsfreie Wiederbelebung.

Das wird mir immer in Erinnerung bleiben.

Rainer Geist erinnert sich: „Die Arbeitsgemeinschaft für den Winterunfalldienst (im Folgenden WUD) unter dem Vorsitz von Herrn Hudec hat dem WRK die Hilfsplätze zugeteilt"

Im 13. Bezirk Wiens befanden sich der Himmelhof und der Rote Berg. Die ursprüngliche Unterbringung für die Mannschaft war im früheren Sanatorium Himmelhof, das spätere Bundeskonvikt für Knaben. Danach war der Hilfsplatz zeitweise nur mit dem (KFZ AMB-RTW „Morris", dem Stand-KTW oder fallweise dem AMB-KTW „FK 1000" ausgestattet. Als Notunterkunft diente für die Mannschaft -eine Holzhütte und zuletzt in einem von Mario Gruss organisierten großen Bau-Container mit Öl-Heizung. Am Himmelhof gab es jedes Jahr am Dreikönigstag das Dreikönigs-Skispringen auf der Sprungschanze. Dieses Event wurde mit einem eignen Abtransport-KTW betreut.

Ursprünglich war die Mannschaft am Roten Berg in einem kalten Nebenraum des Bauernhauses Tratzerberggasse untergebracht und später existierte sie nur als Fliegende Ambulanz mit KTW. Gemäß Festschrift der Arbeitsgemeinschaft Winterunfalldienst wurde dieser Hilfsplatz bereits 1902 durch die Hietzinger Freiwillige Rettungsgesellschaft betreut.

Mir sind namentlich auch die Hilfsplätze „Eiserne Hand" und „Forsthaus" aus der Wien-NÖ-Zeit in Erinnerung. Auf Ersuchen des Vorsitzenden der Arbeitsgemeinschaft Winterunfalldienst hin, wurde fallweise auch der Hilfsplatz „Sophienalpe" besetzt, um den Bergrettungsdienst zu vertreten. Ich war dort einmal im Dienst.

Während die Einteilung der Mannschaften früher durch die Zentrale (Bischoffgasse) ausschließlich auf die verschiedenen Hilfsplätze erfolgte, wurde später eine Zuteilung auf die Bezirksstellen eingeführt:

Dreimarkstein	Bezirksstelle Van Swieten
Jägerwiese und Rohrerwiese	Bezirksstelle West
Himmelhof und Roter Berg	Bezirksstelle West Bezirksstelle DDr. Lauda

Nach der Einstellung des WUD-Dienstes wegen Schneemangels, wurde nur mehr die Hohe-Wand-Wiese im 14. Bezirk vom ASB betreut.

Eine Besonderheit des WRK war, dass der Offizier vom Dienst nicht nur die Einteilung und Besetzung der Hilfsplätze überwachte, sondern oftmals – da zugleich Fahrer – zeitlich unkritische Abtransporte durchführte.

Einer der vielen Einsätze, den ich in dieser Zeit miterlebte fand am Samstag, 20.12.1975 statt, denn der verletzte Skifahrer war der Sohn eines Arbeitskollegen von unserem Einsatzfahrer. Unser NAW-Tag Team bestand – aus dem Fahrer Johann Plankenbüchler, Notarzt Dr. Reinhard Breiteneder (später Journalarzt bei der Wiener Rettung), und ich als Notfallsanitäter:

„1130 Wien, Osthang Roter Berg, Zufahrt Tratzerberggasse – Verl. Schifahrer (Dach-Schlitten vom EH-Wagen wird für Abtransport benötigt)."

Während Reinhard, der Arzt und Johann, Einsatzfahrer mit Dachschlitten samt Trage und Beinschiene den Verletzten vom Berg geholt habt, hatte ich von Reinhard den Auftrag erhalten, alles für die Infusions-Verabreichung (zwei Infusionen und Kortisongabe) vorzubereiten, denn der Patient könnte sich in einem Schockzustand (einem fortschreitenden Versagen des Kreislaufs) befinden. Zur zeitlichen Einordnung: Am Folgetag während meines Dienstes am Himmelhof konnte ich über Funk (Journal Pospisil) den OPEC-Überfall mitverfolgen.

Die erste Bezirksstelle des
LV Wien: Wien-West

Reg. Rat Otto Hadl war für einige Zeit aufgrund von Meinungs-
verschiedenheiten mit Hans Wazda dem Kommandanten der
Hietzinger Rettungskolonne vom RK LV Wien-NÖ inaktiv gewesen. Dem neuen LV stand er aber wieder zur Verfügung. So
kam es, dass Dr. Wilhelm Kastner, Dr. Josef Lenitz und Otto
Hadl ein Proponenten Komitee bildeten.

Von diesem Gremium wurde die Gründung der ersten Bezirksstelle
geplant und vorbereitet. Nach der Genehmigung vom Verbandsausschuss erfolgte am 22. Jänner 1962 die Gründungsversammlung. Die Gründungsfeierlichkeiten wurden von der Stadt Wien
im Amtshaus des 13. Bezirks abgehalten. Der erste Bezirksstellenleiter war Kolonnenarzt Dr. Wilhelm Kastner mit Otto Hadl
als Stellvertreter an seiner Seite. Von der Stadt Wien wurde der
neu gegründeten Bezirksstelle im 15. Bezirk in der Viktoriagasse 3 ein Straßenlokal zur Verfügung gestellt. Die 186 Mitarbeiter der neuen „West" begnügten sich nicht mit wöchentlichen
Heimabenden, sondern nahmen sofort ihre Arbeit auf. Die Hel-

ferinnen und Helfer waren mit dem Aufbau des heute nicht mehr wegzudenkenden Katastrophenwesens beschäftigt. Vor allem Rainer Geist, Hans Pospisil und Leopold Schönhofer waren in der Katastrophenvorsorge samt Logistik und im Ambulanzwesen tätig. Sie legten als Vordenker des heutigen KHD Lagerbestände für die Katastrophenvorsorge an und verwalteten diese. Von einem eigenen KTW war man aber noch Lichtjahre entfernt.

1965 meldete dann die Gemeindeverwaltung einen Eigenbedarf für das Straßenlokal Viktoriagasse an und die Bezirksstelle West musste innerhalb des Bezirkes in die Sperrgasse übersiedeln. Dies war insofern von Vorteil, da das Raumangebot in der Sperrgasse größer war. In weiterer Folge trat Otto Hadl in die Fußstapfen von Dr. Kastner und wurde als Bezirksstellenleiter mit Herwig Jungwirth als Stellvertreter bestätigt. Jungwirth folgte später Alfred Spanner als Landessekretär (Landesgeschäftsführer). Durch eine Erbschaft erhielt der LV ein Grundstück in der Spallartgasse 10a. Einer unbestätigten Quelle nach war der ehemalige RK-Mitarbeiter Gerald Colloseus im Zuge einer Testamentsberatung maßgeblich an dieser Hinterlassenschaft beteiligt. Auf diesem Grundstück wurde ein Wohnhaus gebaut, das ursprünglich als Schwesternunterkunft für das St. Anna Kinderspital gedacht war. Der zweite Stock des Hauses wurde aber der Bezirksstelle West zur Verfügung gestellt und wird auch heute noch genutzt. Später übersiedelte auch der Rettungsdienst in dieses Gebäude.

Bezirksstelle Süd-Ost

Am 8. Februar 1962 wurde in einem feierlichen Akt im Amtshaus des 10. Bezirks die Bezirksstelle Süd-Ost gegründet. Der Standort der Bezirksstelle befand sich bis zirka 1967 im 10. Bezirk in der Erlachgasse. Gegründet wurde vom RK-Abteilungskommandanten Walter Gumhalter diese Bezirksstelle.

Fahrkolonne

Dem neuen LV Wien wurde von der Stadt Wien der aufgelassene Standort der Feuerwache Leopoldstadt im 2. Bezirk in der Lassallestraße 19 zur Verfügung gestellt.

Die Innenräume wurden von Rot-Kreuz-Mitarbeitern für den Dienstbetrieb adaptiert.

Im gleichen Jahr gründete Kurt Winkler eine Rot-Kreuz Fahrkolonne, mit dem Ziel den Rettungs- und Krankentransport abzudecken. Für diese Einheit hatten sich RK-Mitarbeiter gemeldet, die ausschließlich im Fahrdienst tätig sein wollten. Die Bezirksstellen verfügten nicht über eigene Fahrzeuge.

In der Bezirksstelle West fand immer eine zwanglose Zusammenkunft statt. Es wurden hauptsächlich administrative Tätigkeiten erledigt und bei Ambulanzeinsätzen war eine geringe Einsatzfrequenz zu erwarten. Die Kameraden, die sich zur Fahrkolonne gemeldet hatten, wollten direkt mit Patienten arbeiten und keine wöchentlichen Zusammenkünfte in der Bezirksstelle. Das war die Idee.

Die Rivalität in der Führungsebene zwischen Otto Hadl (Bezirksstelle West) und Kurt Winkler (Fahrkolonne) war vorher-

sehbar gewesen. Zwischen den beiden hat die Chemie nie so richtig gestimmt. Eine Zeit lang funktionierten diese Einheiten gut, doch eine Eingliederung der Fahrkolonne in die Bezirksstelle wurde aus organisatorischen Gründen notwendig. Kurt Winkler zog sich dann aus der Kommandofunktion schrittweise zurück und damit war die Fahrkolonne Geschichte.

Der Standort Lassallestraße 19 wurde vom WRK noch einige Jahre als Außenstelle genutzt, musste aber schließlich dem Bauprojekt U1 weichen, denn der Standort wurde als Baubüro benötigt. Die Trassierung erfolgte im Oberbau. Eine Anekdote aus dieser Zeit: Mein Freund und der ehemalige Leiter der Rot-Kreuz-Ortsstelle Donaustadt und spätere Bezirksvorsteher des 22. Bezirks, Albert Schultz, wurde im Rahmen der Eröffnung gefragt, ob es im Oberbau der U1 bei Schneefall Probleme geben könnte? Die typische politische Antwort von Schultz dem Journalisten gegenüber: „Es wird keinen Schnee geben!"

Die Fertigstellung dieser wichtigen U-Bahnverbindung erfolgte am 3. September 1982 mit der Verlängerung der U1 vom Praterstern bis nach Kagran.

Entstehung der Bezirksstelle
Van Swieten

Die Bezirksstelle Süd-Ost wurde am 16. September 1967 zu Bezirksstelle Van Swieten umbenannt. Ähnlich wie es später auch mit der von mir gegründeten und geleiteten Bezirksstelle Donaustadt der Fall war, die aufgrund ihrer Übersiedlung zu Bezirksstelle Nord umbenannt wurde. Ab diesem Zeitpunkt befand sich der Standort der Bezirksstelle Van Swieten in den Räumen des Wiener LV im 5. Bezirk, Am Hundsturm 18, in einem ehemaligen Schulgebäude der Stadt Wien. Besonders in Erinnerung ist mir der Bezirksstellenleiter Ernst Barak geblieben. Er wurde in einer Kampfabstimmung anlässlich einer Bezirksversammlung von Mag. Lorenz Wehrstein abgelöst. Nach einiger Zeit wurde Barak aber wieder als Bezirksstellenleiter bestätigt und Wehrstein avancierte zum Landesrettungskommandanten. Ernst Barak war der Vordenker des Ausbildungszentrums des WRK in Form der Gründung der Landesschule des LV Wien. Eine gesetzliche Aus- und Weiterbildung für RK-Mitarbeiter gab es davor nicht. Durch diese Maßnahme wurde das Bildungsniveau der Mitarbeiter in allen Bereichen deutlich erhöht. Im April 1978 übersiedelte die Van Swieten in den 4. Bezirk in ein relativ großes Haus am Phorusplatz. Die feierliche Eröffnung fand am 1. April 1978 statt. Ab 1979 war dort auch ein Notfallrettungsmittel des RK (RK 3) von 07:00 Uhr bis 19:00 Uhr für die Wiener Rettung im Einsatz, sowie ein KTW von 19:00 Uhr bis 07:00 Uhr. Besondere Leistungen und viele Ausfahrten erbrachte damals Leopold Schönhofer. Er war als Fahrer des NAW in einer Doppelfunktion als RK-Offizier und als Vizeleutnant der Sanitäts-Truppenschule des Bundesheeres tätig. Ein Arzt und die Notfallsanitäter der Sanitätstruppenschule aus Stammersdorf fuhren mit ihm mit.

Wegen der hohen Erhaltungskosten des Bezirksstellengebäudes wurden die Bezirksstellenräumlichkeiten samt Notarztwagen an diesem Standort vom damaligen Landessekretär Fritz Mitschitz im Zuge der anstehenden Sanierungsmaßnahmen im Jahre 1983 aufgelassen Heute steht auf dem Grund im 4. Bezirk das Pensionisten Wohnhaus Wieden mit der Anschrift Ziegelofengasse 6a.

2002 war die Geburtsstunde eines neuen Rettungswagens. Neben den beiden bereits in Dienst stehenden Notfallrettungsmitteln RK-Landstraße (Notarztwagen) und „RK-Penzing" (Rettungstransportwagen) wurde am neuen Standort der Van Swieten im 10. Bezirk neben dem bereits bewährten Krankentransportwagen ein weiterer Rettungstransportwagen stationierten. In der Öffentlichkeit wurde die Meinung verbreitet, es gäbe im 11. Bezirk keine Rettung, so wurde dieses Rettungsmittel mit Rufnamen RK Simmering versehen. Nach dem Pilotversuch von August bis Dezember 2002 wurde RK-Simmering zum Großteil mit freiwilligen Mitarbeiterinnen und Mitarbeitern der Van Swieten besetzt. Derzeit ist RK-Simmering bei MA 70 in der Rettungswache Arsenal stationiert. Der wachsende Gemeindebezirk Simmering sorgte 2013 auch für eine Vergrößerung der Berufsrettung der MA 70. Eine neue Rettungswache wurde in der Kaiserebersdorferstraße 73 in Betrieb genommen. Für die Versorgung der Bevölkerung im Süd-Osten der Bundeshauptstadt haben die Gründer und Vordenker im Wiener Roten Kreuz Sorge getragen.

Mario Gruss war trotz seiner herausfordernden Funktionen im Landesverband ein treuer Mitarbeiter der Van Swieten. Er hat auf der Bezirksstelle sehr viel bewegt.

Gründung der Bezirksstelle
Bertha von Suttner

Bis 1970 waren die RK-Mitarbeiterinnen, so genannte Helferinnen in Schwesterntracht mit Hauberl. Sie durften im KTW
mitfahren und die Transportmappe tragen. Gertraud Bayer war
der Meinung, dass auch das weibliche Rot-Kreuz-Personal Mit-
gestaltungsmöglichkeiten haben sollte. „Als Schwestern wurden die Rot-Kreuz-Helferinnen damals bezeichnet – waren aber
bessere Kaffeekochdamen", meinte sie. Nachsatz von Gertraud:
„Und wenn ihr uns nicht wollt, dann gründen wir unsere eigene Bezirksstelle und machen dort, was wir Frauen möchten."
Das war der Entstehungsgedanke der Bezirksstelle „Bertha von
Suttner. Mit einer Gruppe RK-Frauen, darunter die Landesleiterin der RK-Helferinnen, Helma Ginter, die das weibliche Ge-
genstück zum Landesrettungskommandanten war, machte sie
sich an die Gründungsarbeit. Am 24. November 1970 war es
dann so weit. Anlässlich der Gründungsversammlung im Beisein der Landesleiterin Ginter und LRK-Stv. Friedrich Bursa gab
Dir. Spanner bekannt, dass der Verbandsausschuss beschlossen
hat, die Schwesternschaft zu einer eigenen Bezirksstelle zu er-
heben. Die Leitung und der Ausschuss der Bezirksstelle setzte
sich aus folgenden Personen zusammen:

Bezirksstellenleiterin	Monika Klabouch
Bezirksstellenleiterin-Stv.	Lia Dokoupil
Schriftführerin	Gertraud Bayer
Kassiererin	Elfriede Schönhofer
Bezirksausschuss	Helma Ginter Annerose Rettig Elfriede Schörg Helga Stadlbauer

Die Leitung und der Ausschuss wurden einstimmig gewählt. Über den neuen Namen der Bezirksstelle wurde abgestimmt und der Vorschlag, die Bezirksstelle nach der Friedensnobelpreisträgerin Berta von Suttner zu benennen, wurde einstimmig angenommen.

Die Berta von Suttner war die einzige Frauenbezirksstelle im ÖRK. Im Laufe der Jahre gelang es Frauen, in allen Bereichen, die bis dahin nur Männern vorbehalten waren, tätig zu werden. Später bewarben sich auch männlich Mitarbeiter bei der Bertha von Suttner, sodass heute nicht mehr die Rede von einer Frauenbezirksstelle sein kann.

Ohne Gertraud Bayer gäbe es heute möglicherweise in ganz Österreich keine Rettungssanitäterinnen, Notfallsanitäterinnen und Einsatzfahrerinnen, sondern noch immer RK-Schwestern in Schwesterntracht mit weißen Hauberln.

Die Palastrevolution

In den 1970-iger Jahren war das demokratische Mitsprache-
recht im LV Wien noch nicht so ausgeprägt, wie wir es heute
gewohnt sind. Eine kleine Gruppe ehrenamtlicher Mitarbeiter,
bestehend aus Studenten, Technikern und Bilanzbuchhaltern,
hatte Ansätze in anderen RK-Bereichen in Österreich gefunden und wollte diese durchaus guten Ideen in Wien – speziell
im Rettungsdienst – umsetzen. Ein geeigneter Zeitpunkt diese
Ideen vorzuschlagen war die Generalversammlung (im Folgenden GV) im Jahr 1973. Der Ablauf dieser GV war etwas turbu-
lent aufgrund von zwei Anträgen. Einer schlug eine neue Orga-
nisationsform der Rettungsdienste vor und der andere einen
Finanzbericht samt Entlastung der Geschäftsleitung.

Beim Tagesordnungspunkt Entlastung der Geschäftsleitung
kam es zu Unstimmigkeiten bei der Aberkennung von Stimm-
rechten der Delegierten, außerdem wurden Stimmenthaltungen aus der Delegiertengruppe nicht zur Kenntnis genommen.
Die Stimmenthaltungen wurden trotz Urgenz nicht im Protokoll aufgenommen. Daraufhin kündigte die betroffene Gruppe
an, gegen die Durchführung der Generalversammlung Berufung
einzulegen, da sie nach den gültigen Statuten nicht ordnungsge-
mäß durchgeführt worden war. Der junge Mitarbeiter Herbert
Fiale ließ von einem Anwalt einen Antrag auf Neudurchführung
der GV anfertigen. Alle in dem Entwurf angeführten Punkte ent-
sprachen den Vorfällen in der GV. Unmittelbar nach Einlangen
der Anzeige informierte ein Verantwortlicher der Vereinsbehörde
den Landesgeschäftsführer des WRK mit dem Hinweis, dass eine
Auflösung des LV verlangt wurde. Dies entsprach aber nicht dem
Willen des Antragstellers, der einen Antrag auf Neudurchführung der GV über einen Anwalt gestellt hatte. Das Ziel war eine
statutarisch korrekte und demokratische Generalversammlung.

In der Aufzählung der relevanten Paragrafen aus dem Ver-
einsgesetz hatte der Jurist leider auch einen Paragrafen angeführt, der sinngemäß aussagte, dass ein Verein aufzulösen sei,

wenn Gründe dafür gegeben seien. Mit einem Schreiben vom 30. September 1973 wurden die sechs involvierten Mitarbeiter davon in Kenntnis gesetzt, dass sie aus dem Verein ausgeschlossen wurden. Es kam dann noch zu Schiedsgerichtsverhandlungen mit einem dürftigen Teilerfolg. Rückblickend darf angemerkt werden, dass den jungen und dynamischen RK-Mitarbeitern die RK-Geschichte recht gegeben hat, denn diese Kameraden hatten schon 1973 erkannt, dass das WRK eine Administration mit wirtschaftlichen Denken und Handeln benötigt. Während der Präsidentschaft von Dr. Karl Skyba wurden 2009 alle, einige von ihnen bereits erfolgreiche Akademiker, rehabilitiert und ihnen wurde die Mitgliedschaft im WRK wieder angeboten.

Dazu ein Brief vom damaligen Präsidenten Dr. Karl Skyba an mich.

„Lieber Hans!

Deinen Brief vom 29.11.2017 beantworte ich zunächst der Zeit entsprechend mit den besten Weihnachtswünschen und der Hoffnung auf ein gutes Neues Jahr.

Deine Aktivitäten schätze ich sehr, besonders die Absicht ein Buch zu verfassen.

Nun zum Ausschluss: Wir konnten den Ausschluss, der seinerzeit rechtskräftig wurde, nicht mehr aufheben. Wir haben aber die Ausgeschlossenen im Arbeitsausschuss vom 26.5.2009 in Ehren wiederaufgenommen.

Nochmals alles Gute

Beste Grüße Karl“

Lieber Hans!

Deinen Brief vom 29.11. beantworte ich zunächst oder Zeit entsprechend mit den besten Weihnachtswünschen und der Hoffnung auf ein gutes Neues Jahr.

Deine Aktivitäten schätze ich sehr, besonders die Absicht, ein Buch über die 60 Jahre deines Dienstes zu verfassen.

Nun zum Ausschluß: Wir konnten den Ausschluß, der seinerzeit rechtskräftig wurde, nicht mehr aufheben. Wir haben aber die Ausgeschlossenen im Arbeitsausschuß v. 26.5.2009 in Ehren wieder aufgenommen.

Nochmals alles Gute
beste Grüße
Karl

Hier noch eine persönliche Erinnerung von Dr. pth. sc. Peter Schütz, MBA, damals noch Student, und einer der ausgeschlossenen RK- Mitarbeiter:

> *„Anfang 1973 wurde ich vom Stationsleiter Spallartgasse vielleicht auf Weisung von Bezirksstellenleiter der Bezirksstelle Wien -West wegen meiner langen Haare außer Dienst gestellt. Grund: ‚Die Patienten fürchten sich davor!‘*

> *Bin sofort um 8.00 ins Büro der Frau Stadtrat Jacobi, der WRK-Präsidentin gefahren, in Uniform, hab sie folgendes gefragt: ‚Grüß Gott Frau Präsidentin fürchten Sie sich vor mir?‘ Sie meinte natürlich nicht, hab ihr die Story erzählt, nach einem Telefonat von ihr war ich wieder im Dienst ok. Aber vermutlich ein ‚bissi‘ markiert.“*

Sonnenzug

Auch beim Sonnenzug war das WRK immer stark vertreten. In den Jahren 1962 und 1963 rief die Aktion Junger Österreicher die Sonnenzug-Idee ins Leben und ließ diese Züge mit jeweils 500 körperlich behinderten Mitmenschen drei Tage lang durch Österreich fahren, außerdem befuhren zwei Sonnenschiffe die Donau. Die Sonnenzüge wurden zu einem vollen Erfolg. Diese drei Tage waren für Mitmenschen, die ihre Zeit in oft dumpfen Krankenstuben und Pflegeheimen verbrachten, in die die Sonne ihren Weg nicht fand, ein einmaliges Erlebnis. Die Sonnenzüge wurden zu Zügen der „Menschlichkeit auf Rädern". Leider wurde diese Idee aber 1963 beendet.

1967 konstituierte sich das Sonnenzug-Komitee, und die Landesverbände des RK, des Malteser-Hilfsdienstes (später Malteser-Hospitaldienst) und des ASB sowie die Evangelische Stadtmission schlossen sich der Initiative des Jugendvereines Edelweiß, der bei den letzten Sonnenzügen mitarbeiten durfte, spontan an. Ihr Ziel war diese Idee 1967 und vielleicht alljährlich wieder aufleben zu lassen und zu versuchen, die finanziellen Mittel dafür aufzubringen. Bei den ersten beiden Sonnenzügen, organisiert von der „Aktion Junger Österreicher", kam der „Jugendverein Edelweiß" in Kontakt mit der Waldschule (Schule für Kinder mit Behinderung) bei Wiener Neustadt. Über die Sonnenzüge und auch die Sonnenschiffe wurden bereits damals Filme gedreht. So einen Film führte Erik Engel im Juni 1967 in der Waldschule vor und die Kinder fragten nach dieser schönen Reise. Erik Engel meinte: „Betet fest zum lieben Gott, vielleicht gibt es den Zug wieder." Alle Erzieher stöhnten auf: „Wie wollen Sie als kleiner Pressebeamter im Kanzleramt das Schaffen?" Im Juli gab es eine Pressekonferenz, und im September 1967 fuhr der Sonnenzug wieder mit glücklichen Waldschul-Kindern. Die Arbeitsgemeinschaft Sonnenzug bestand ausfolgenden Organisationen:

» Wiener Evangelische Stadtmission
» MHDA
» ASB
» Jugendverein Edelweiß
» ÖRK
» Schwerhörigen-Seelsorge der evangelischen Kirche AB in Österreich
» Krankenreferat der Erzdiözese Wien

Der Sonnenzug setzte sich aus elf Liegewagen, einem Postwaggon, einem Empfangswaggon mit Tonkabine, aus der Reiseschilderungen, Durchsagen und Musik ertönten, und einer kleinen Küche mit Theke zusammen. Anfangs gab es einen Buffetwaggon, der sich aber nicht bewährte. Kurt Votava (Moderator der ORF-Radiosendung „Autofahrer unterwegs" und später ehrenamtlicher Landesrettungskommandant des WRK) fuhr auch einige Male Teile der Strecke mit und unterhielt die Reisegäste aus der Tonkabine. Im Empfangswaggon wurden Ehrengäste begrüßt und Tanz-Feste veranstaltet. Unsere Ärzte befürworteten diese Bewegung während der Fahrt. Im Empfangswaggon fanden auch Gottesdienste statt, wenn sie nicht als Feldmessen in einer der Stationen zelebriert werden konnten. Bei jeder Reise fuhren auch ein römisch-katholischer und ein evangelischer Seelsorger mit. In der kleinen Küche wurde für die Helfer Kaffee gekocht, aber auch Essen für Diensthabende aufgewärmt, die nicht rechtzeitig zu den Mahlzeiten kamen. Feste Sitzgelegenheiten bildeten hölzerne Bierkisten, die mit Decken belegt waren und wie lange Bänke an den Seiten aufgereiht waren. Der Postwaggon beförderte die Rollstühle, Getränke, Ersatzverpflegung, Geschenke usw. Während der Fahrt wurden die Teilnehmer vom ASB, vom MHDA, vom RK und der Wiener Evangelischen Stadtmission betreut und der Jugendverein Edelweiß sammelte das Geld und kümmerte sich um den Postwaggon.

Nach einigen Jahren ersetzte man die Evangelische Stadtmission durch die mittlerweile neu gegründete Johanniter Unfallhilfe Österreich (im Folgenden JUH). Helfer arbeiteten ehrenamtlich. Vom Staat gab es Subventionen, die aber leider mit der

Zeit immer weniger wurden. Die ersten Jahre begleiteten ÖBB-Hostessen den Zug, die sich um Pölster, Decken und Leintücher kümmerten, beim Bettenmachen halfen und die Organisatoren und Diensthabenden unterstützten, wenn es mit dem Fahrplan Schwierigkeiten gab, weil der Zug Verspätung hatte. Jedes Jahr wurden für die Teilnehmer und Helfer Abzeichen angefertigt. Stoffwimpel mit dem Logo, der „Sonne", und dem Datum der Reise wurden verteilt. 1988 und 1989 wurden kleine Münzen zur Erinnerung geprägt. Gefilmt wurde auch, zuerst bloß als private Erinnerung, später professionell. Diese Filme wurden dann im Rahmen einer großen Filmpremiere mit vielen Ehrengästen, sehr oft auch in Anwesenheit des Bundespräsidenten, gezeigt. Die Filme der letzten Sonnenzüge konnte man auch als Videobänder kaufen. Von vielen Reisen wurde eine Bildbroschüre gedruckt, die die Teilnehmer*innen als Erinnerung erhielten und die der „Jugendverein Edelweiß" als Werbung und zur Sponsorensuche nutzen konnte. Oft begleiteten Fernsehteams bzw. Reporter den Zug und es erschienen viele Zeitungsberichte, Fernsehaufzeichnungen und Radiosendungen, auch kritische. Immer wieder begleiteten uns Ehrengäste auf der kompletten Reise oder auf Teilstücken als Beobachter oder, wenn sie Künstler waren, rein zur Freude der Teilnehmer.

Ab dem Jahr 1991 verlief die Reise dann anders. Ab da reisten wir in bequemen Sitzwaggons und schliefen in Hotels. Die enge Gemeinschaft ging dadurch leider etwas verloren, aber schlafen, sich waschen sowie essen in einem Abteil und nur zwei Toiletten pro Waggon – die Zeiten waren vorbei! Das RK schied aus, die Hostessen gab es nicht mehr, und die kleine Küche im Empfangswaggon wurde vom „Jugendverein Edelweiß" betreut. Etwas blieb jedoch: Die große Verabschiedung des Zuges am Wiener Bahnhof mit vielen Prominenten und die Begrüßung des Zuges mit Blaulicht und Folge-Ton bei dessen Rückkehr nach Wien. Für die Abholung der Teilnehmer standen auch immer Einsatzautos bereit.

Im Jahre 1996 war der Sonnenzug das letzte Mal unterwegs und im Jahre 1997 verstarb sein geistiger Vater, Erik Engel.

Danke an Ignaz (Teddy) Adamek, Hellmut und Gertraud Bayer
für ihre Hilfe bei diesem Beitrag.

Der Zivildienst beim Österreichischen Roten Kreuz

„In der Vielfalt der Meinungen zum Zivildienst sollte es aber unser aller Ziel sein, Polarisierungen zu vermeiden und im Zivildienst eine wertvolle Erfahrung für junge Staatsbürger zu erkennen, nämlich an der Realität von Menschen, an der Realität dieser Gesellschaft Anteil zu nehmen, indem man sich beispielsweise um Alte, Kranke, Behinderte oder Unfallopfer kümmert."

Zitat von Bundesminister für Inneres Dr. Caspar Einem in der Festschrift „20 Jahre Zivildienst" aus dem Jahre 1995.

Diese Festschrift wurde mir von Frau Ilse Wieseneder, der Witwe von MinRat Dr. Alois Wieseneder, Leiter der aus drei Abteilungen bestehenden Gruppe IV/Zivildienst im Bundesministerium für Inneres, zur Verfügung gestellt.

Das Grundkonzept des österreichischen Zivildienstes stammte aus einer Regierungserklärung des Jahrs 1971, die die Einführung eines Zivildienstes versprach. Dieser sollte ein Sozialdienst sein, den Wehrpflichtige, die aus Gewissensgründen
die Anwendung von Waffengewalt ablehnen, anstelle des Wehr-
dienstes leisten. Das damals geltende Wehrgesetzt sah lediglich
vor, dass Wehrpflichtige, die aus Gewissensgründen unter allen Umständen die Anwendung von Waffengewalt ablehnten,
beantragen konnten, ohne Waffe, aber innerhalb der Truppe
ihren Präsenzdienst zu leisten. Diesen Umstand habe ich während meiner Grundausbildung beim Österreichischen Bundes-
heer im Jahre 1961 miterlebt. Wir hatten in unserer Kompa-

nie einen Kameraden, der nach Antragsstellung ohne Waffe exerzieren durfte.

Ab der Einführung des Zivildienstes durch das Zivildienstgesetz, das mit 1. Jänner 1975 in Kraft trat, existierten gegensätzliche Ideen bezüglich der genaueren Gestaltungsmöglichkeiten. Einerseits sollte durch den Zivildienst die Einsatzfähigkeit des Bundesheeres nicht geschmälert werden. Diesem sollte, angesichts des Kalten Krieges (1947-1990) gemäß Heeresverantwortlichen, stets ausreichendes „Menschenmaterial" zur Verfügung stehen. Die Niederschlagung der Ungarnrevolution 1956 und des Prager Frühlings 1968 durch die Truppen der UdSSR an unseren Grenzen waren noch in frischer Erinnerung. Andererseits sollte es möglichst leicht für den Einzelnen sein, seinem Gewissen zu folgen.

Daraus ergab sich die Entscheidung des Gesetzgebers den Zivildienst nicht als Alternativdienst zum Wehrdienst, sondern als eine Ausnahme von diesem zu gestalten. Das Zivildienstgesetz in der Fassung (ZDG aF) sah daher eine Kommission (Zivildienstkommission ZDK) vor, deren Aufgabe es war zu prüfen, ob tatsächlich Gewissensgründe vorlagen oder es sich um eine bloße Behauptung handelte.

Eine wesentliche Umstellung brachte das Jahr 1985, in dem der Gesetzgeber einen normierten Grundlehrgang, der sich in 6 Lehrblöcke teilte, beschloss. Diese Blöcke waren:

» Einführung in den Grundlehrgang
» Pflichten und Rechte des Zivildienstleistenden
» Politische Bildung und Konfliktlösungsmöglichkeiten
» Grundzüge des Zivilschutzes als umfassender Katastrophenschutz
» Dienste im Rettungswesen und in anderen sozialen Bereichen
» Technische Hilfeleistung

Der darin festgelegte Lehrstoff wurde von persönlich und fachlich geeigneten, vom Bundesministerium für Inneres zugelassenen, Vortragenden vermittelt. Der fünfte Lehrblock (Ret-

tungsdienst und soziale Dienste) erfolgte hauptsächlich durch
das Österreichische Rote Kreuz und dessen Landesverbände.

Den Verfassungsrang und den Zivildienst von heute brachte die Gesetzesnovelle 1991, BGBL 675. Für eine Befreiung von der Wehrpflicht ist nun nicht mehr das Glaubhaftmachen von Gewissensgründen erforderlich, sondern es genügt eine Erklärung den Militärbehörden gegenüber, die angibt, dass man die Anwendung von Waffengewalt aus Gewissensgründen ablehnt.

Gleichzeitig wurde die Zivildienstkommission abgeschafft und die Zivildienstdauer verlängert. So sollte nun die Ernsthaftigkeit der behaupteten Gewissensentscheidung glaubhaft gemacht werden.

Mit dem Zivildienst wurde eine Institution geschaffen, die ihr „Drückeberger-Image" ablegte und zu einer tragenden Säule der Gesellschaft wurde.

Die Gründung der RK-Ortsstelle Gerasdorf

Die Gründung der RK-Ortsstelle Gerasdorf steht untrennbar mit der RK-Bezirksstelle Wien-West in Zusammenhang.

Zu dieser Zeit war Gustav Fuhrich, geboren am 14. April 1928, RK-Mitarbeiter beim LV Wien, in der Bezirksstelle Wien-West. Nach dem 2. Weltkrieg trat Fuhrich dem damaligen LV Wien-NÖ der Österreichischen Gesellschaft des RK bei. Nach der Trennung der LVs im Jahre 1960 war es allen Mitarbeitern überlassen, sich für einen Landesverband zu entscheiden. Fuhrich blieb in Wien und arbeitete am Aufbau des neuen LV im Jahre 1961 mit. Nach Gustav Fuhrich wurde in der Siedlung Oberlisse in Gerasdorf eine Straße benannt.

Unter anderem aufgrund der Gründung und dem Aufbau der RK-Ortsstelle in Gerasdorf.

Ausschlaggebend für die Gründung der Rettungsstelle in Gerasdorf war ein schwerer Betriebsunfall bei der Fa. Mischek Fertigbeton im Jahre 1973. Daraufhin wurde im Herbst 1973 dem damaligen RK Bezirksstellenleiter der Bezirksstelle Mistelbach, Herrn Karl Kleedorfer vom Landesrettungskommandanten des RK NÖ, Herrn Ing. Friedrich Proksch mitgeteilt, dass er Proksch vom Nationalratsabgeordneten Walter Mondl in einem Telefonat gebeten wurde, ein Rettungsfahrzeug bei der Fa. Mischek abzustellen, da bei Betriebsunfällen die Eintreffzeit von Rettungsmittel der RK-Ortsstelle Wolkersdof zu lange war. Noch im Jahre 1973 fand eine Besprechung zwischen Vertretern der Gemeinde Gerasdorf, der RK-Bezirksstelle Mistelbach und einem Vertreter der Fa. Mischek im Beisein von Gustav Fuhrich statt. Gustav Fuhrich war zu dieser Zeit bereits ein erfahrener RK-Mitarbeiter. Fuhrich war bis zur Abspaltung des NÖ Landesverbandes von Wien Mitarbeiter des LV Wien/NÖ. Aus der Zeit kannte er Führungskräfte vom Landesverband NÖ. So kam es dazu, dass Fuhrich die Gründung der Ortsstelle federführend organisieren und abwickeln durfte. Die Leitungsfunktion der Ortsstelle Gerasdorf konnte er aber nicht übernehmen, denn seine Heimat war der LV Wien. Außerdem war das auch die Bedingung des Stellvertretenden

Wiener Landesrettungskommandant Friedrich Bursa gewesen. Heute in der Multifunktionärszeit wäre das kein Problem mehr. Laut einer Zeitzeugin von damals (Frau ORR Theresia Seidl) hat Fuhrich die Ortsstelle auf Grund seiner langjährigen Rot-Kreuz Erfahrung trotzdem de facto geleitet und wurde Einsatzleiter genannt. Gemeinsam mit Bürgermeister Leopold Halmas, der offiziell als Ortsstellenleiter fungierte, und Obermedizinalrat Dr. Bruno Simlinger, der für medizinische Belangen und für die Ausbildungsqualität der Helfenden zuständig war, hob Fuhrich die Dienststelle am 16. März 1975 aus der Taufe. Ursprünglich war der Arbeiter Samariter Bund für eine rettungsdienstliche Versorgung in Gerasdorf im Gespräch, doch Fuhrich, obwohl ein SPÖ Gemeinderat in der Stadtgemeinde Gerasdorf, setzte durch, dass das Rote Kreuz den Zuschlag erhielt. Das Team, bestehend aus Ortsstellenleiter und Bürgermeister Leopold Halmas, Gustav Fuhrich und Obermedizinalrat Dr. Simlinger, war gut eingespielt. Ein wichtiges Anliegen von Dr. Simlinger war die Ausbildung der Mitarbeiter, damit diese präklinisch tätig sein durften. Die Ausstattung der Einsatzfahrzeuge war damals im gesamten Bundesgebiet noch nicht mit der heutigen zu vergleichen.

Auf Grund der neuen Kurstätigkeit konnten viele Mitarbeiter gewonnen werden, unter anderem auch die beiden Töchter von Gustav. Aus diesem Kreis traten dann namhafte RK-Mitarbeiter hervor, die in der Führungsebene tätig waren, beispielsweise der spätere Ortsstellenleiter Walter Kraus und Theresia Seidl. Beide hatten sich im Laufe der Jahre durch ihre übermäßige Zeitspende aus „Liebe zum Menschen" mehr als ausgezeichnet. Frau Theresia Seidl besaß gegenüber der Ortsstelle eine Bäckerei und Lebensmittelvertrieb. Frau Seidl erzählte mir im Gespräch folgende Anekdote:

„Gustav Fuhrich hatte bei einem Arbeitsunfall in Seyring interveniert. Der Notfallpatient hatte sich mit der Kreissäge mehrere Finger abgetrennt. Um die amputierten Gliedmaßen während des Transportes in das Kran-

Fahrgenehmigung gestern und heute

Schon im LV Wien-NÖ wurde die Genehmigung zur Lenkung von Einsatzfahrzeugen auf Vorschlag des Dienststellenleiters im Alleingang erteilt. Dabei hat möglicherweise auch Sympathie eine Rolle gespielt. Die Anwärter mussten mit dem KFZ-Verantwortlichen der Bezirksstelle, bzw. dem Werkstätten Leiter (Schirrmeister) eine Testfahrt absolvieren. Nach dieser sogenannten Prüfungsfahrt durften diese Mitarbeiter alle RK Fahrzeuge unter Berücksichtigung ihrer Führerscheinklasse lenken. Ausgenommen war der EH Wagen, der Vorgänger des RTW und NAW, die sogenannte „Heilige Kuh" im RK-Fuhrpark. Die Fahrgenehmigung für die „Heilige Kuh" wurde nach einem Beobachtungszeitraum, dessen Länge variierte, vom Bezirksstellenleiter mündlich erteilt oder abgelehnt. Diese Genehmigung wurde Anlass bezogen auch manchmal widerrufen. Im Zuge der Absplitterung von der Bezirksstelle West und der Neugründung der Ortsstelle Am Hundsturm und in weiterer Folge der Bezirksstelle DDr. Lauda wurde die Fahrerausbildung von mir innerhalb des LV Wien im Auftrag des Bezirksstellenleiters ORR Hans Pospisil strukturiert. Der Schwerpunkt war die Kursplanung mit allen Themen, die für das Lenken eines Einsatzfahrzeuges von Bedeutung waren. Auf Basis der Themen wurde eine qualifizierte Ausbildung geplant und durchgeführt. Es erfolgte eine Schulung für alle Fahrzeugtypen. Nach erfolgreichem Abschluss wurde eine schriftlich Fahrgenehmigung vom Landesrettungskommandanten erteilt und nach einem Beobachtungszeitraum konnte diese auf den Notarztwagen erweitert werden. Bei erteilter Genehmigung wurde in die Fahrgenehmigung ein fetter „EH“ Stempel eingedruckt. Bei meinem Ausbildungsprojekt Fahrerlehrgang, welches von mir noch in der Bezirksstelle Donaustadt (Nord) erweitert wurde, hat uns Mobil Oil Austria immer großzügig unterstützt. Die Bezirksstelle Donaustadt und auch Teilnehmer anderer Bezirksstellen und Landesverbänden waren Gäste bei Fahrtrainingsveranstaltungen der Mobil Oil Austria am Salzburg Ring. Diese Einsatzfahrer Schulung wurde in den 80ern von LRR Ernst Barak in das Schulungsprogramm der neu gegründeten Landesschule aufgenommen. Mir wurde innerhalb der Landesschule die Funktion des Kurskommandanten der Fahrerausbildung übergeben.

Die neuen Ausbildungsrichtlinien hatten zur Folge, dass auch andere Dienststellen, wie z. B. der Blutspendedienst, Mitarbeiter für die Schulung anmeldeten. Dadurch wurde ein wesentlicher Beitrag zu sicheren Einsatzfahrten geleistet. Im Laufe der Jahre wurde diese Ausbildung immer weiter verfeinert und ist jetzt bundesweit unter dem Begriff SEF (Sicher Einsatzfahrer) verpflichtend vorgeschrieben.

Partus Tour und Baby Wagen

Partus Tour

Auf Grund der guten Zusammenarbeit mit den Geburtshilfe-Spitälern, im speziellen mit der Semmelweis Klinik durften Mitarbeiter des LV Wien in dieser Klinik an Geburtshilfe Schulungen teilnehmen. Diese Zusammenarbeit entstand noch in der Zeit des LV Wien-NÖ.

Gemäß einer Anekdote hat sich ein Schulungsteilnehmer bei einem Abteilungsvorstand nach einem Schulungsdienst beschwert, dass es während seines Dienstes keine Geburt gegeben hätte. Die treffende Antwort des leitenden Arztes: „Lieber Schulungsteilnehmer, als Facharzt schaffe ich vieles, doch darauf habe ich keinen Einfluss."

Aufgrund der kollegialen Zusammenarbeit zwischen den Kliniken und dem Wiener Roten Kreuz Rettungsdienst gaben die Gebärkliniken das WRK sogar als Kontakt mit Telefonnummer in den Vormerkscheinen an. Bei einer bevorstehenden Geburt konnte von der künftigen Mutter oder deren Angehörigen sofort das Rote Kreuz alarmiert werden. Der Mutter und Kind Pass wurde im Jahre 1974 eingeführt und unter der Gesundheitsministerin Dr. Ingrid Leodolter wurde das Untersuchungsprogramm mehrfach erweitert und verändert. Zu Beginn lag der Fokus auf der Verringerung der Säuglingssterblichkeit, mittlerweile ist die Früherkennung von Fehlentwicklungen im Säuglings- und Kindesalter ein Schwerpunkt. Die Einhaltung der vorgesehenen Untersuchungen war zunächst Voraussetzung für die Auszahlung der Geburtenbeihilfe. Nach deren Abschaffung nahm die Zahl der Mutter-Kind-Pass-Untersuchungen deutlich ab, sodass 1997 ein Mutter-Kind-Pass-Bonus in der Höhe von 2000 Schilling eingeführt wurde. Seit 2002 gilt die Regelung, dass bei Nichteinhaltung der ersten zehn vorgesehenen Untersuchungen das Kinderbetreuungsgeld ab dem 20. Monat um die Hälfte gekürzt wird. Auch ab der Einführung des „Mutter und Kind Passes" wurde das RK für Transporte in Gebärkliniken empfohlen. So kam es, dass das RK mit einem Anstieg von Partus Transporten konfrontiert war. Für diese Transportart wurde in der Station Bischoffgasse in der Anfangszeit im Nachtdienst ein dritter KTW (SEW) in Dienst gestellt. Die Alarmierung in den Bereitschafträumen erfolgte mittels einer elektrischen Glocke.

» Einmal ununterbrochenes Läuten: Ausfahrt für einen Krankentransport
» Dreimal läuten: Ausfahrt der Partus Tour zu einer Geburt im Gange
» Mehrmaliges abgesetztes Läuten: Erste Hilfe Fahrt mit Arzt der EH-Tour (NAW)

In der Anfangszeit war Kollege Frank ein eifriger Mitarbeiter im Rahmen der Partus Tour und wurde liebevoll „Partus Onkel" genannt. Sein Stammfahrer war Ing. Franz Reiterer.

Baby Wagen

Inkubator-Transporte wurden in Wien immer vom LV Wien-NÖ durchgeführt. Von Wien aus wurde der gesamte nordöstliche Teil Niederösterreichs abgedeckt. In der Zeit davor, Ende der 50Jahre wurden Transporte fallweise noch mit Wäschekorb, Wärmeflasche und warmer Decke durchgeführt.

Ab 1974 stand der Kinderklinik Glanzing, die später in das Wilhelminenspital ausgelagert wurde, ein Spezial NAW des LV Wien für Inkubator-Transporte exklusiv zur Verfügung.

Die Aufgabe des Frühgeburten-NAW war es, ein Team (Kinderarzt und Kinder-DGKS) von der Kinderklinik Glanzing abzuholen, um die Früh- oder Risikogeburt unter ärztlicher und pflegerischer Begleitung in die Kinderklinik Glanzing zu transportieren.

Besondere Verdienste haben die Kollegen Eduard Gössinger und Ing. Franz Reiterer von der Bezirksstelle West im Rahmen dieser Dienste erworben. Diese Dienste waren für die beiden Kollegen nicht schwierig. Sie waren nicht mehr die Jüngsten, doch wollten sie dem RK weiter Zeit spenden. Einen Inkubator mit einem Frühchen zu tragen war nicht so anstrengend, wie einen schweren Patienten mit der Krankentrage mehrere Stockwerke hinauf oder hinunterzubefördern.

Dieser Spezialdienst wurde im Zuge der laufenden Umorganisation in den 1980-igern an die MA 70 abgegeben.

Die Johanniter Unfallhilfe im WRK

Die JUH wurde in Österreich am 21. Juni 1974 auf die Initiative und mit der Unterstützung von österreichischen Angehörigen des Johanniterordens mit Standort im 2. Bezirk, Am Tabor, gegründet. Im Jahre 1979 wurde die erste Dienststelle mit Krankentransport in Betrieb genommen. Diese Dienststelle befand sich neben dem Evangelischen Krankenhaus in der Schopenhauerstraße in Wien-Währing mit dem die Johanniter heute noch eng verbunden sind. Mit einem Krankentransportwagen der JUH Deutschland und 10 ehrenamtlichen Helfern und Helferinnen startete die JUH ihre Tätigkeit in der Schopenhauerstraße.

Die Gründungsjahre waren von ehrenamtlichem Engagement geprägt. Lange Zeit wurden der Krankentransport in Wien und die Erste-Hilfe-Kurse nur von ehrenamtlichen Mitarbeitern durchgeführt.

Die Vergabe der Krankentransporte erfolgte über die Leitstelle des WRK. Das erste Einsatzfahrzeug der JUH in Wien war ein VW Krankentransporter.

1980 übernahm die JUH das Fuhrwerker Haus in der Herbeckstraße 39 in Wien-Währing. Zu diesem Zeitpunkt gab es zwei VW-Busse (Typ 2), später einen Golf 1 für den ÄFD und ein Citroen CX für Überlandtransporte. Ein Chevrolet kam erst Mitte der 1980-er Jahre in den Fuhrpark.

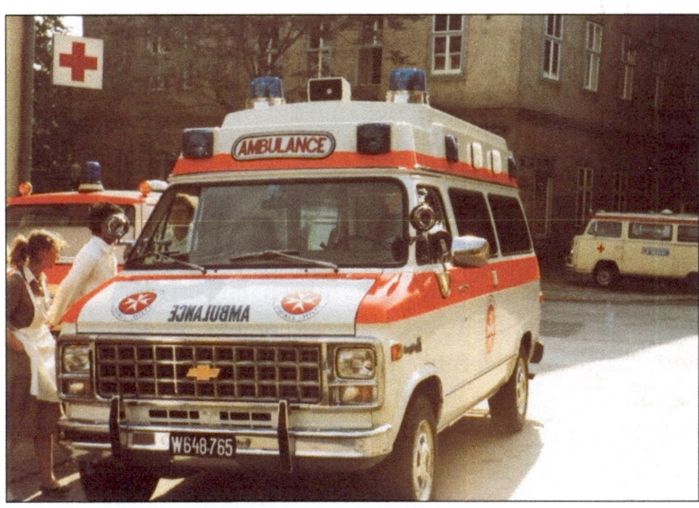

Einige Jahre später musste das alte Gebäude einem zweigeschossigen Neubau mit Garage weichen.

1985 startete die JUH einen selbstständigen 24-Stunden Rettungsdienst. Seit 1986 ist sie in den Rettungsverbund der Stadt Wien eingebunden. Heute sind die Johanniter ein wichtiger Bestandteil des Rettungswesens der Stadt Wien und es bestehen heute noch kollegiale Freundschaften zwischen dem RK und den „Jonnys", wie sie liebevoll genannt werden.

Gründung der Bezirksstelle
DDr. Lauda

Seit der Gründung des LV Wien im Jahre 1961 erlebte das WRK einen nie geahnten Aufschwung. Es mutierte zu einem mittelgroßen Wirtschaftsbetrieb und die Nachfrage nach qualifizierten Managern wurde größer. Bis dahin wurde das WRK vom karenzierten Berufsschullehrer Alfred Spanner oder dem Grundschullehrer Herwig Jungwirth geleitet. Einige ehrenamtliche Mitarbeiter wollten im Jahr 1971/1972 eine wirtschaftliche Änderung im WRK herbeiführen, leider jedoch mit wenig tauglichen Mitteln, denn die Mitarbeiter, die auf dringend wirtschaftliche Änderungen aufmerksam machten, wurden daraufhin ausgeschlossen und ein vereinsinternes Schiedsgericht bestätigte diese disziplinäre Maßnahme. Erst unter Präsident Dr. Karl Skyba wurden sie wieder rehabilitiert. Der Ausschluss dieser Mitarbeiter, der seinerzeit rechtskräftig wurde, konnte laut des Präsidenten Dr. Karl Skyba im Arbeitsausschuss nicht mehr aufgehoben werden, doch wurden sie im Arbeitsausschuss vom 26. Mai 2009 in Ehren wieder aufgenommen (vergl. Kapitel Palastrevolution).

Am 4. Februar 1975 wurde eine Unterschriftenaktion gestartet, die in der Bezirksstelle West eine außerordentliche Bezirksversammlung forderte, um eine Neuwahl der Bezirksstellenleitung und des Bezirksausschuss abzuhalten.

Nachdem weit mehr als 50 % der Angehörigen der Bezirksstelle Wien-West dafür gestimmt hatten, wurde der diesbezügliche Antrag dem Landesverband überreicht.

Der damalige Landessekretär (Geschäftsführer) Alfred Spanner machte einen Gegenvorschlag, demzufolge eine neue Ortsstelle in Wien gegründet werden sollte, die weit gehend dem Landesverband unterstellt war und nur noch formell der Bezirksstelle Wien-West angehörte. Durch diesem Schritt waren die geforderten Neuwahlen nicht notwendig. In der neu gegründeten Ortsstelle sollten alle Mitarbeiter Heimat finden, die eine außerordentlich Bezirksversammlung mit Neuwahlen gefordert hatten. Nach einer Bewährungszeit von zirka einem Jahr könnte die Ortsstelle eventuell in eine Bezirksstelle umfunktioniert werden. Dem Vorschlag des Landesverbandes wurde zugestimmt und der Verbandsausschuss (Arbeitsausschuss) gab dem Antrag im Jänner 1975 statt. So ging die Bezirksstelle DDr. Lauda aus der Bezirksstelle Wien-West hervor.

Am 20. Februar 1975 gab Dir. Alfred Spanner bei der ordentlichen Bezirksversammlung der Bezirksstelle Wien-West offiziell die Konstituierung der neuen Ortsstelle Am Hundsturm bekannt. Allen Angehörigen der Bezirksstelle Wien-West, die den Antrag zur Neuwahl unterschrieben hatten, wurde die Möglichkeit gegeben, zu entscheiden, ob sie bei der neu gegründeten Ortsstelle mitarbeiten wollen.

In dieser Zeit hatte sich innerhalb der Bezirksstelle Wien-West bereits eine junge Gruppe gefunden, die eine moderne RK-Bezirksstelle aufbauen wollte und sich für das Neue entschied. Die Maxime des Vorsitzenden des Proponenten Komitees Hans Pospisil war, nicht zu revolutionieren, sondern eine leistungsbezogene gute Bezirksstelle zu gründen und zu führen. Diese Bezirksstelle sollte ein Vorzeigeprojekt werden.

Mit, leistungsbezogener Ablauforganisation und transparenter Entscheidungsstruktur wurde das Interesse und Wohlwollen der Verbandsleitung vom WRK insbesondere des Landessekretärs – jetzt Landesgeschäftsleiters – Alfred Spanner und des Landesrettungskommandanten Johann Kutschera gewonnen und erhalten.

So wurde nach Bewährung im Jänner 1975 als Vorläufer der Bezirksstelle DDr. Lauda die Ortstelle „Am Hundsturm" gegründet. Deren Sitz sich im Haus des Landesverbandes im 5. Bezirk Am Hundsturm 18/2.OG/Zimmer der Österreichisches Jugendrotkreuz (ÖJRK) „Aktivgruppe", mit der sich die Ortstelle die Räumlichkeiten teilte, befand.

Gründer und Ortsstellenleiter
war Hans Pospisil

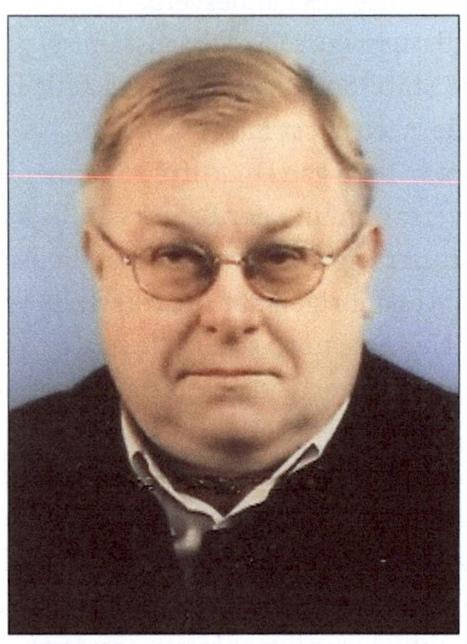

Ab diesem Zeitpunkt wurde intensiv ein eigenes Bezirksstellenlokal gesucht.

Die aufgelassene Feuerwache in der Lasallestraße nächst der Reichsbrücke wurde bereits von Mitarbeitern adaptiert und diente auch als Stützpunkt für den Pilotversuch Ärztefunkdienst in den Bezirken Leopoldstadt, Landstraße und Brigittenau. Leider musste dieses RK-Projekt dem Baubüro „U-Bahnbau U1" weichen. Es waren aufgelassene Bankfilialen in 1200 Allerheiligenplatz und eine teilweise aufgelassene Schule für das Bezirksstellenlokal in der engeren Wahl.

Unabhängig davon wurde am 16. Februar 1976 aus der Ortsstelle „Am Hundsturm" die Bezirksstelle DDr. Lauda, Hans Pospisil wurde einstimmig zum Bezirksstellenleiter gewählt und Pospisil erhielt sein Bestellungsdekret. In Folge des Antrags der neuen Bezirksversammlung wurde der am 21. Jänner 1974 verstorbene Präsident des ÖRK Dr. mont. h. c. Dr. Hans Lauda als

Namensgeber vorgeschlagen. Mit dem Einverständnis der Witwe wurde die Bezirksstelle zu Ehren des verstorbenen Präsidenten des ÖRK nach ihm benannt. Die Mitarbeiterzeitschrift „Das Rote Kreuz" berichtet aus den Landesverbänden im Wiener Teil in der Ausgabe 1/76:

> *„An der Spitze der neuen Bezirksstelle steht Kolonnenkommandant Hans Pospisil, sein Stellvertreter ist Gruppenführer Jürgen Volker Hanreich. Zum Bezirkssekretär wurde Hermann Kotek, zum Kassier Michael Schönbauer (Enkelsohn von Prof. Schönbauer), als KAT-Beauftragter fungiert Michael Maritsch, für das Rettungswesen zuständig ist Abt. -Kommandant-Stellv. Albert Horwitz (Ausbildner bei der Berufsfeuerwehr Wien), KFZ-Beauftragter ist Zugsführer Johann Plankenbüchler, für die Sanitätsausbildung zeichnet Gruppenführer Wolfgang Gerl verantwortlich. (sic) Als Abteilungsarzt ist Bezirksarzt Dr. Reinhard Breiteneder eingesetzt."*

Im Herbst 1978 wurden die neuen Bezirksstellenräumlichkeiten im 2. Bezirk, Negerlegasse 4/3 bezogen, mit dem Ziel einen Notarztwagen in Betrieb zu stellen. Die Gespräche diesbezügliche waren im Winter 1978 zwischen dem Chefarzt der Wiener Berufsrettung Dr. Otto Beran und dem Bezirksstellenarzt der Bezirksstelle „DDr. Lauda" Dr. Reinhard Breiteneder bereits so weit fortgeschritten, dass einem zweiten Notarztwagen am Standort Negerlegasse zugestimmt wurde und nach Adaptierung in Betrieb genommen wurde.

Für die Disponenten der Wiener Rettung war der zentrale Standort von Notfallrettungsmittel nahe dem Donaukanal ideal. Dieses Rettungsmittel hatte die höchste Ausfahrtenfrequenz im Rettungsverbund, sowie viele dramatische Einsätze, wie zum Beispiel den Brand im Hotel „Am Augarten" und dem Terrorüberfall im jüdischen Stadttempel.

Mit der Indienststellung des NAW „RK2" hatte die Bezirksstelle „DDr. Lauda" ihren Höhepunkt erreicht und Hans Pospisil, der „Vater" dieser Bezirksstelle wurde am 11. Juni 1979 abgewählt. Ein neues gewähltes Team übernahm diese „Vorzeige-Bezirksstelle" und konnten sie problemlos weiterführen.

Die Bezirksstelle wurde im Jahre 1994 samt NAW „RK" in die neue Landesverbandszentrale im 3. Bezirk in der Nottendorfergasse 21 (ehemaliges Niedermayer Haus) übersiedelt. Die Bezirksstelle Bertha von Suttner quartierte sich in die frei gewordenen Räumlichkeiten der Bezirksstelle DDr. Lauda in der Negerlegasse ein. Durch diese Maßnahme ging die Ausfahrtenfrequenz des NAW standortbedingt zurück und war für die Disponenten der MA 70 nicht mehr interessant. Aus „RK2" wurde der NAW „RK Landstraße" und schließlich aus Gründen der Wirtschaftlichkeit ein RTW ohne Arzt. Mit der Einführung des NEF-Systems durch die MA 70 wurde das korrigiert.

Die Entstehung der Bezirksstelle Nord

Durch die Schaffung neuer Wohnhausanlagen begann die junge Bevölkerung im 22. Bezirk Ende der 1970er Jahre stetig zu wachsen. Mit dem demografischen Wandel war in den kommenden Jahrzehnten mit einem höheren Bedarf an pflege- und sanitätsdienstlicher Versorgung zu rechnen. Die Bezirke Floridsdorf und Donaustadt waren noch ein „Weißer Fleck" auf der RK-Landkarte. Das Donauspitals war noch nicht fertiggestellt und dem Bezirk stand nur ein ärztlich besetztes Rettungsmittel der Stadt Wien zur Verfügung.

Dieser NAW stand im 22. Bezirk Aspern – auch heute noch – in der Wimpfengasse 8. Zu dieser Zeit gab es fünf Krankenhäuser mit Unfallambulanzen. Die beiden Unfallkrankenhäuser der AUVA in Meidling und Brigittenau, die Unfallstation im Wilhelminenspital und die 1. und 2. Unfallstation im Allgemeinen Krankenhaus (im Folgenden AKH). Die 1. Unfallstation befand sich in der Nordwest-Ecke des ersten Hofes im Alten AKH, die

heute die Vergnügungsmeile des Uni Campus ist. An der Stelle
der 1. Unfallstation steht jetzt eine Billa Filiale. Hier befindet
sich auch eine Gedenktafel, die Leopold Schönbauer gewidmet
ist. Diese Unfallstation wurde von Prof. Schönbauer während des
Krieges erbaut und im Dezember 1943 in Betrieb genommen.
Bis zu ihrer Übersiedlung in das neue AKH wurde sie als Unfallstation genützt. Schönbauer leitete den Operationsbunker.
In drei kleinen Operationsräumen konnten lebensnotwendige
Behandlungen an Zivil- und Wehrmachtspatient auch während
Fliegerbombardements durchgeführt werden. Im April 1945 wur-
de Schönbauer von einer im Allgemeinen Krankenhaus beste-
henden Widerstandsgruppe zum ärztlichen Direktor gewählt.
In dieser Position wurde er nach dem Krieg von der Gemeinde
Wien anerkannt und behielt diese Stellung bis 1961. Gemeinsam
mit Karl Fellinger (1904–2000) wirkte er auch noch wesentlich
an den Plänen des Neubaus des Allgemeinen Krankenhauses am
Währinger Gürtel 18-20 mit. Er gilt als Retter des Allgemeinen
Krankenhauses. Von 1956 bis 1963 war Schönbauer außerdem
der Präsident des Wiener Rudolfinerhauses.

Die 2. Unfallstation des AKH lag im sogenannten „Neuen Teil" des alten Krankenhauses, der über die Spitalgasse erreichbar war. Diese beiden Unfallstationen durften von Montag und Donnerstag abgesehen angefahren werden, an ungeraden Tagen die 1. Unfallstation und an geraden Tagen die 2. Unfallstation. Am Montag und Donnerstag durfte der Rettungsdienst beide Unfallambulanzen nicht anfahren und Patienten mussten auf die Unfallambulanz in das Wilhelminenspital transportiert werden. Bei unfallchirurgischen Übergaben gegen etwa 07:00 Uhr war besonders für den NAW Aspern und auch für uns immer sehr spannend, wo die Übergabe erfolgen würde, denn Dienstbeginn und Dienstende für die Unfallambulanzen war 07:00 in der Früh. Damals gab es nur bodengebundene Rettungsmittel. Von „Gelben Hummeln" am Himmel, sprich Notarzthubschrauber (NAH)hat man noch nicht einmal geträumt.

Wenn also der Rettungswagen Aspern an einem Montag oder Donnerstag einen Patienten auf die Unfallambulanz in das Wilhleminenspital bringen musste, so war der 22. Bezirk für längere Zeit unversorgt. Die beiden verbliebenen Unfallkrankenhäuser, nämlich das Arbeitsunfallkrankenhaus Meidling und das Arbeitsunfallkrankenhaus Brigittenau, das sich bis 1972 noch in der Webergasse 4 befand, um dann in das neue LBK in die Donaueschingenstraße 13 zu übersiedeln, waren fast immer mit Ausnahme von Arbeitsunfällen in der Rettungszentrale als komplett gemeldet und durften nicht mehr angefahren werden. Auch wurden auf die neuralgischen Punkte hingewiesen, z. B. Praterbrücke, A23 Süd-Ost Tangente, U1 Großbaustelle, bzw. auch die Badesaison hingewiesen und das alles wurde mit einem Rettungsfahrzeug im 22. Bezirk versorgt.

Sozialmedizinisches Zentrum Ost: Pläne fertig
Baubeginn nach Fertigstellung des Pflegeheimes

Unter dem Vorsitz von Gesundheits- und Sozialstadtrat Universitätsprofessor Dr. Alois Stacher fand vor kurzem eine Sitzung der Spitalsplanungskommission statt, bei der das Raum- und Funktionsprogramm für das Krankenhaus im Sozialmedizinischen Zentrum Ost besprochen und genehmigt wurde. Demnach wird das Krankenhaus über zwei interne Abteilungen mit 124 Betten, eine Chirurgie mit 86 Betten, eine Unfallabteilung sowie Abteilungen für Neurologie, Orthopädie, Geburtshilfe und Gynäkologie, Kinderkrankheiten, Urologie, Dermatologie, Augenerkrankungen, Hals-Nasen-Ohren und Psychiatrie verfügen. Ebenso sind Intensivstationen, Strahlenschutzbetten, eine Dialyseeinheit, Ambulanzen sowie diverse Institute wie etwa für Röntgendiagnostik, Nuklearmedizin, Zahn-, Mund- und Kieferheilkunde und ein Zentrallabor vorgesehen. Darüber hinaus besteht aber auch noch die Möglichkeit, zu einem späteren Zeitpunkt einen eigenen Pavillon für chronisch Kranke mit 180 Betten anzubauen. Die künftigen Patienten des Krankenhauses werden in Sechs-, Drei- und Einbettzimmern untergebracht sein.

Bau wird in Etappen durchgeführt

Wie Stadtrat Stacher bei dieser Gelegenheit erklärte, wird das Krankenhaus im Sozialmedizinischen Zentrum Ost nicht nur die Versorgung der Bevölkerung der Bezirke nördlich der Donau ganz wesentlich verbessern, sondern auch den modernsten medizinischen und sozialen Anforderungen entsprechen. Auf Grund der in der Spitalskommission vorgelegten Grundsatzplanung — die durch die Arge der Architekten Fleischer, Marchart, Möbius, Münch und Schuster erarbeitet wurde — wird das Krankenhaus maximal vier bis fünf Geschosse hoch werden und generell über belichtete Räume verfügen. Die Bettenstationen werden von den Ambulanzen und Versorgungseinheiten abgesetzt sein, so daß die Kranken nicht durch den übrigen Betrieb gestört werden. Trotzdem werden die Abteilungen jedoch mit den Versorgungseinrichtungen so verbunden sein, daß eine optimale Ver- und Entsorgung möglich ist. Wie der Stadtrat weiter ausführte, ist das Krankenhaus so konzipiert, daß es in Etappen gebaut und in Betrieb genommen werden kann. Damit wird eine möglichst rasche Inbetriebnahme der ersten Abteilungen, die zusammen einem erweiterten Standardspital entsprechen, garantiert werden. Mit dieser neuartigen Vorgangsweise ist, laut Stadtrat Stacher, eine optimale Versorgung der Patienten, eine optimale Ausnützung der finanziellen Möglichkeiten und ein optimaler Baufortschritt zu erwarten. Nach Meinung des Stadtrats wird das Krankenhaus in dieser Form die Vorteile eines Pavillonkrankenhauses und die eines Zentralkrankenhauses vereinen. Der Baubeginn des Krankenhauses ist nach Fertigstellung des Pflegeheimes Ost im Jahr 1982 vorgesehen.

Zwei Bezirksvorsteher auf einem Bild. Rudolf Huber besuchte vor einigen Tagen seinen neu gewählten Floridsdorfer Amtskollegen Kurt Landsmann, um mit ihm über gemeinsame Bezirksprobleme zu sprechen. Bei der ersten Kontaktnahme der beiden Bezirksvorsteher wurden natürlich auch Fragen der kommenden Dezentralisierung erörtert, die bekanntlich links der Donau gewissermaßen als Versuch begonnen hat. Beide Bezirksvertretungen sollen mehr Kompetenzen als bisher erhalten.

Diese Ideen und Argumente waren Grund genug, um mit dem damaligen Gemeinderat und späteren Bezirksvorsteher des 22. Bezirkes Albert Schultz Gespräche zu führen. Mir hatte er bereits versprochen die Gründung einer RK-Dienststelle jenseits der Donau zu unterstützen, denn „Bertl" Schultz war sofort Feuer und Flamme und willig mitzuarbeiten.

Im Vorfeld habe ich RK-Kameraden angeworben, und gebeten, weitere Herausforderungen im Dienste des WRK anzunehmen. Bezirksvorsteher Schultz hatte sich bereit erklärt die Ortsstelle nach außen zu repräsentieren.

E I N L A D U N G

zu der am 1o. April 198o stattfindenden Gründungsversammlung der Ortsstelle

W i e n - D o n a u s t a d t

Ort: 122o Wien Erzherzog-Karl-Straße 73-79
                  (Straßenlokal rechts vom Haupteingang)

Beginn: 19 Uhr

Tagesordnung: Bildung des Proponenten-Komitees

Wir freuen uns auf Ihr Erscheinen und enpfehlen uns mit

                                        freundlichen Grüßen

                            Johann Plankenbüchler
                            Antragsteller auf Gründung
                                der Ortsstelle

Wien im April 198o

Für die Aufbauarbeit hatten RK-Kameraden anderer Bezirksstellen und auch externe Mitarbeiter aus dem Wirtschafts- und Bankensektor ihre Mitarbeit spontan angeboten. Größtenteils wechselten Kollegen der Bezirksstelle DDr. Lauda zur Donaustadt" da sie die Diskussionen über eine notwendige Ausbildung im Rettungswesen satthatten und die Streitereien um die Führungsposition innerhalb der Studentenschaft nicht mehr mitmachen wollten. Ziel der Gründung einer neuen Bezirksstelle war auch eine qualitativ hochwertige Ausbildung.

Nach Beschluss des Arbeitsausschusses lud ich als Antragsteller im April 1980 folgende Personen zur Gründungsversammlung der Ortsstelle ein:

» Albert Schulz, Wiener Gemeinderat und später Bezirksvorsteher d. 22. Bezirk
» Peter Sova, Vorstand in der Zentralsparkasse der Gemeinde Wien
» Hans Pospisil, S4 im Landesverband Wien, ehemaliger Gründer und Bezirksstellenleiter der Bezirksstelle DDr. Lauda
» Ing. Johann Hochleithner, Dienstführung WRK Bezirksstelle DDr. Lauda,
» Dr. Herbert Vesely, WRK, Bezirksarzt Bezirksstelle DDr. Lauda
» Dr. Gustav Heller, RK, Bezirksarzt Bezirksstelle DDr. Lauda, Notarzt

„Einladung zu der am 10. April 1980 stattfindenden Gründungsversammlung der Ortsstelle Wien-Donaustadt, Ort: 22. Erzherzog-Karl-Straße 73-79 (Straßenlokal rechts vom Haupteingang in einer Glaserei), Beginn 19:00 Uhr, Tagesordnung: Bildung eines Proponenten-Komitees unter dem Vorsitz von Magistratsdirektor Dr. Pelikan. Antragsteller Johann Plankenbüchler"

PROTOKOLL ÜBER

DIE AM 10. APRIL 1980 STATTGEFUNDENE

G R Ü N D U N G S V E R S A M M L U N G

DER

O R T S S T E L L E   D O N A U S T A D T

DES ÖSTERREICHISCHEN ROTEN KREUZES-LANDESVERBAND WIEN

<u>Ort:</u> 1220 Wien, Erzherzog Karl Straße 73-79 (Straßenlokal rechts vom
       Haupteingang)

<u>Beginn:</u> 19.15 Uhr

<u>Anwesend:</u>   1. Proponentenkomitee (Liste in der Beilage)
           2. Geladene Gäste (Liste in der Beilage)

<u>Tagesordnung:</u>

Magistratsrat Dr. Pelikan verliest die Namensliste des Proponenten-
komitees und stellt die Anwesenheit der in der Beilage angeführten
Personen fest.
Das Proponentenkomitee bleibt bis zur Bildung eines Wahlvorschlages
in Funktion. Es wird vereinbart, daß die Mitglieder des Proponenten-
komitees am 14. April um 19.00 Uhr in 1220 Wien, Erzherzog Karl Straße
Nr. 73-79 (Straßenlokal rechts vom Haupteingang) ihre Zustimmung zur
Nominierung in das Proponentenkomitee bekannt geben.
Als vorläufiger Sitz der Ortsstelle wird die o. a. Adresse genannt.
<u>Antragstellung von Hrn. Johann Plankenbüchler:</u>
Die 1. Sitzung des Proponentenkomitees nach der Gründungsversammlung
soll am 14. April 1980 um 19.00 Uhr stattfinden.
Nachstehende Tagesordnung wurde dazu bekanntgegeben:
1. Begrüßung und Feststellung der Beschlußfähigkeit durch den Obmann
   des Proponentenkomitees Hrn. Gemeinderat Albert Schultz
2. Verlesung und Genehmigung des Protokolls vom 10. April 1980
3. Einteilung der Tätigkeitsbereiche der Proponenten (siehe
   Organisationsschema)
4. Zurechtlegung der weiteren Vorgangsweise und des Aufgabenbereiches
   der Ortsstelle Donaustadt sowie Kontaktaufnahme mit dem Landesver-

Nach der Gründung suchte eine Vielzahl von Mitarbeitern anderer
Bezirksstellen um einen Wechsel zur Ortsstelle Donaustadt an.

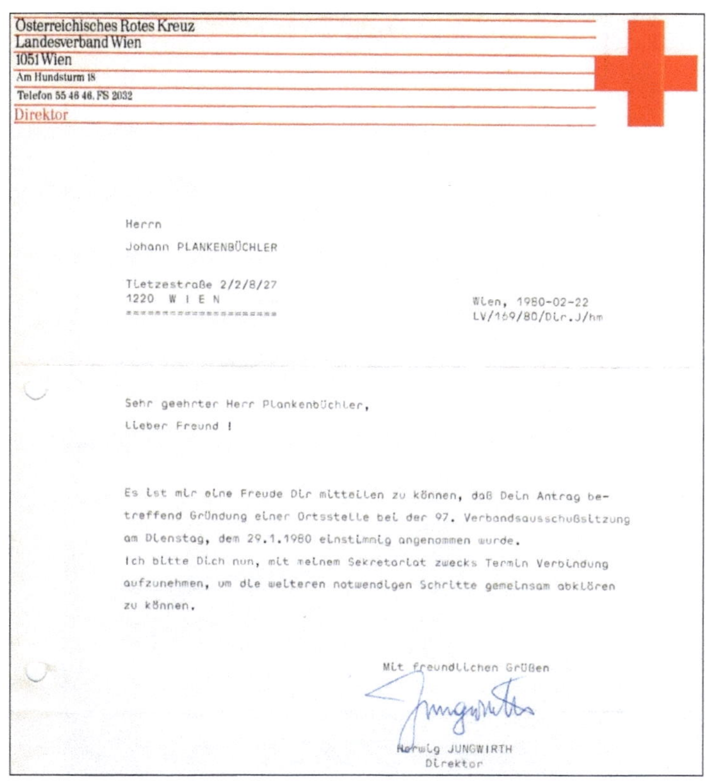

Zu dieser Zeit wollte der ASB ebenfalls jenseits der Donau Fuß fassen, aber wir hatten das Wort des Bezirksvorstehers.

Die räumliche Planung einer Rot-Kreuz Bezirksstelle im 22. Bezirk litt aber unter dem Baufortschritt der U1 Kagran. Leider gelang es Albert Schultz damals nicht mehr, die räumliche Planung der Bezirksstelle im U-Bahngebäude der Station Kagran unterzubringen, da der Bau der U1 bereits zu weit fortgeschritten war. Als Zwischenlösung wurde am 15. April 1981 im Auftrag von Albert Schultz ein Lokal im 22. Bezirk in der Wagramer Straße 97/Stiege 4, ein straßenseitiger Abstellplatz, sowie ein Einstellplatz im Bereich Meissnergasse zur Verfügung gestellt.

RETTUNGSWAGEN
W 73·010

Wiener Rotkreuz-Information

Wien, 1980-05-28/Dir.J/hm

R U N D S C H R E I B E N Nr. 9/80
===

Betrifft: Gründung der Ortsstelle "Donaustadt"

Der Verbandsausschuß des Wiener Roten Kreuzes hat in seiner 99. Sitzung am Dienstag, dem 27. Mai 1980 beschlossen, dem Antrag auf Gründung einer Dienststelle in Wien 22, Erzherzog Karl-Straße 73-79 (Ausweichlokal) stattzugeben.

Ich setze Sie daher in Kenntnis, daß mit heutigem Datum das Wiener Rote Kreuz neben den bereits bekannten Bezirksstellen, auch eine Ortsstelle "Donaustadt" besitzt.

Ich bitte Sie um Unterstützung dieser Ortsstelle in allen dienstlichen Belangen und bitte die Dienststellen um Übersendung der Personalakten folgender Mitarbeiter der neuen Ortsstelle an den Landesverband Wien:

BREITENDER Reinhard Dr.med.	KOPP Michael
FLOIGL Robert	PECHER Alwin
HELLER Gustav Dr.med.	PLANKENBÜCHLER Johann
HARTWEGER Hermann	POSPISIL Hans
HOCHLEITHNER Johann Ing.	RENNER Joachim
KOBALD Harald	SPRIZL Gerhard
KALTENECKER Gerhard Mag.	SPRINZL Othmar
STROHMAYR Hannes	LENIUS Rainer
STROHMAYR Winfried	FRANK Herbert
VESELY Herbert Dr.med.	HÜBSCH Peter
SCHÜLER Philip	

Mit Rotkreuz-Gruß

Hedwig JUNGWIRTH
Direktor

Meine Zukunftsvisionen im Bezirk Donaustadt waren:

» Gründung einer Bezirksstelle
» Bezug eines geeigneten Lokals für den Rettungs- u. Krankentransportdienst
» Qualifizierte Aus- und Weiterbildung in Hinblick auf die Mitarbeit in der Notfallrettung (Eine gesetzliche Ausbildungspflicht durch das SanG ließ noch zwanzig Jahre auf sich warten, also mussten die Mitarbeiter zur Ausbildung auf freiwilliger Basis motiviert werden.)
» Betrieb eines Notarztwagens rund um die Uhr, bis zu drei KTW zu den Spitzenzeiten tagsüber, sowie ein Stützpunkt für ein ÄFD Fahrzeug

Die Gründung der Bezirksstelle erfolgte am 23. Juni 1982 und ich wurde einstimmig zum Bezirksstellenleiter bestellt.

Bezirksvorsteher Albert Schultz war auf eigenen Wunsch hin nur mehr im Bezirksausschuss vertreten. Die Anzahl der Mitarbeiter konnte im Vergleich zu 1980 von 47 nur auf 58 Mitarbeiter erhöht werden. Obwohl das nur eine Steigerung von 23 % war, konnte die Anzahl der Dienste der freiwilligen Mitarbeiter von 746 auf 1338 erhöht werden. Die Ausfahrtenfrequenz stieg von 784 im Jahr 1982 auf 2235 im Jahr 1983. Johann Hochleithner erstellte einen Jahresdienstplan, der den Mitarbeitern im Voraus für das Folgejahr bekanntgegeben wurde. Bei Dienstverhinderung hatten Mitarbeiter eigenverantwortlich mit Meldung beim Dienstführenden für eine Vertretung zu sorgen. Die Aufgabe des Dienstführenden war bloß die Dienstüberwachung.

Eine besondere Ehre für die Bezirksstelle war der Besuch von Prof. Franz Rautek dem Vater des Rautekgriffs im Jahre 1983.

DAS ÖSTERREICHISCHE ROTE KREUZ

LANDESVERBAND WIEN

ERNENNT

Herrn

Johann P L A N K E N B Ü C H L E R

nach Erfüllung der Voraussetzungen gemäß den Bestimmungen der Dienstordnung vom 5. November 1976
(Anzugsordnung, Planstellenbesetzung und Beförderungsrichtlinien für Angehörige des ÖRK)

ZUM

Bezirksstellenleiter

MIT WIRKSAMKEIT VOM 23. Juni 1982 - 27. April 1985
GZL:

AM   1. Juli 1982

DER PRÄSIDENT

Univ. Prof. Dr. Alois S T A C H E R

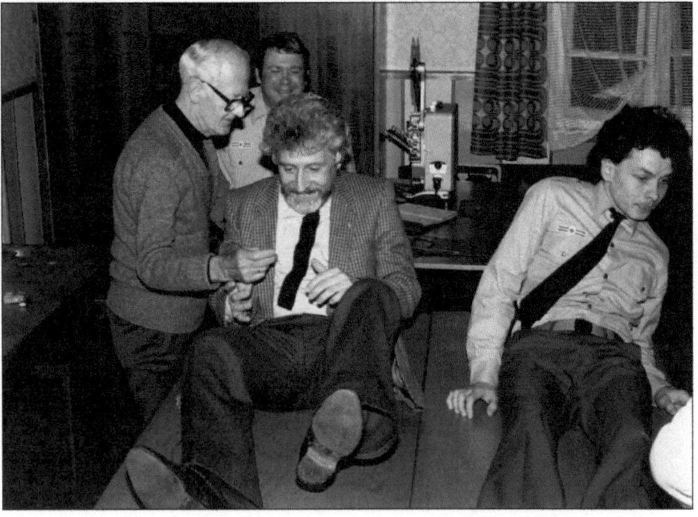

Als leitender Mitarbeiter der Schoellerbank in Wien gelang es mir am 31. August 1982 den Prototyp eines Renault Traffic Ambulanzfahrzeuges für Testzwecke vom Schoeller Autovertrieb in Linz an den Landesverband zu vermitteln. Dieses KFZ konnten wir im Rettungsbetrieb der Bezirksstelle Donaustadt ausführlich testen. Die Testergebnissen waren zufriedenstellend und unser Input beeinflusste die Weiterentwicklung des Renault-Trafic Ambulanzwagen. Leider wurde ein Ankauf aufgrund der Flottenvorteile des Landesverbands bei VW nicht genehmigt. Im Gegenzug wurde der Bezirksstelle Donaustadt ein KTW der Marke VW mit dem Kennzeichen W 73.011 zur Verfügung gestellt. Mit dem „11-er" war die Bezirksstelle Donaustadt die erste Dienststelle des Landesverbands Wien, die über ein eigenes Fahrzeug verfügte. So gelang es, mit ehrenamtlichen Mitarbeitern und Mitarbeiterinnen innerhalb kürzester Zeit 1000 Ausfahrten durchzuführen. Auf Grund der Großflächigkeit des 21. und 22. Bezirks wurde von mir im Bezirksausschuss ein Antrag auf Namensänderung von Donaustadt auf Nord gestellt. Dieser Antrag wurde damals im Bezirksausschuss mit der Begründung abgelehnt, dass diese Bezeichnung für die Bezirksstelle Donaustadt „gesichtslos" sei.

Einige Zeit später wurde ich vom damaligen Bezirksgeschäftsführer der Bezirksstelle Gänserndorf Herrn Christian Czink, dem späteren Landesgeschäftsführer des LV NÖ, gewarnt, dass ein junger Studenten und ein junger Hauptamtlichen aus dem Landesverband NÖ ausgeschlossen worden waren. Beide hatten in Gänserndorf die Mannschaft gegen die Bezirksstellenleitung aufgehetzt und forderten Neuwahlen. Die zwei dockten bei mir in der Bezirksstelle Donaustadt an und ich nahm die Warnung aus Gänserndorf zwar zur Kenntnis, wollte mir aber selbst ein Bild machen. Nach einiger Zeit passierte in Wien das gleiche wie in Gänserndorf, aber in Wien mit Erfolg. Eine Gruppe Studenten schloss sich ihnen an und sie alle störten den laufenden Betrieb. Als Arbeitsausschuss-Mitglied berichtete ich am 15. Mai 1984 von diesen Vorfällen. Es wurde einvernehmlich mit dem Präsidenten eine außerordentliche Bezirksversammlung für den 13. Juni 1984 angesetzt.

In der gleichen Arbeitsausschuss-Sitzung wurde der Antrag gestellt, dem ÖRK die Bezirksstelle Donaustadt für den DDr. Lauda-Preis aufgrund ihrer effizienten wirtschaftlichen Tätigkeiten vorzuschlagen.

In der außerordentlichen Bezirksversammlung am 13. Juni 1984 legte ich einen blendenden Tätigkeitsbericht vor. Die Bezirksversammlung wurde von Studenten dominiert, aber auch Gäste der Bezirksstelle DDr. Lauda waren anwesend. An der Spitze der Studierenden stand der Bezirksstellenleiter der Bezirksstelle DDr. Lauda, der später als Hauptamtlicher unter Fritz Mitschitz in der Verwaltung über die Karriereleiter in der Geschäftsleitung seinen Platz fand und gemeinsam versuchten sie, die Stimmung in außerordentlichen Bezirksversammlung weiter anzuheizen.

Der junge aus Gänserndorf importierte Student wurde von seinen Anhängern zum Bezirksstellenleiter gewählt und Albert Schultz wendete sich dem ASB jenseits der Donau zu.

Ich nahm mich selbst aus dem Spiel. Der neue Bezirksstellenleiter verschwand irgendwann von der Bildfläche. Meine Hauptaufgabe war es wieder „Aus Liebe zum Menschen" dort weiterzuarbeiten, wo ich begonnen hatte, und meine Dienste den Patienten anzubieten. Die Bezirksstelle Donaustadt änderte ihren Namen vor einigen Jahren doch auf Nord.

Die Suchhundeabteilung
im Landesverband

Rainer Geist, Mario Gruss, Thomas Wanasek und ich berichten in diesem Kapitel über die Geschichte der Suchhunde im WRK. Der ehemalige RK-Kamerad und Kommandant der Suchhundestaffel Franz Stagel verstarb am 24. Oktober 2019 im Alter von 87 Jahren. Da er seinen Leichnam der Anatomie vermacht hatte, gab es weder eine Parte noch ein Begräbnis. Beruflich war er als Taxiunternehmer tätig gewesen.

Seine Vorliebe unter den ausgebildeten Suchhunden galt den Rottweilern. Stagel war oft mit seiner Einheit bei Übungen der K-Gruppe West am Roten Berg im Einsatz gewesen und hatte auch Lawinensuch-Übungen auf dem Rax-Plateau organisiert. Echteinsätze wie der Hauseinsturz am 19. Mai 1984 im 5. Bezirk waren sein Tätigkeitsbereich. Der Suchhundegruppe stand der alte KTW 016 als Einsatzfahrzeug zur Verfügung, der für die Hund mit einer besonderen Aufstiegshilfe an der hinteren Stoßstange adaptiert worden war.

Diese Suchhundegruppe war als eigene Ortsstelle der Bezirksstelle West angeschlossen. Zwischen dem Kommandanten und seinem Stellvertreter kam es zuletzt zu Differenzen, die dazu führten, dass sein Stellvertreter sich mit einigen Suchhundeführern vom WRK loslöste und sich als Rettungshunde-Gruppe der Berufsfeuerwehr Wien anschloss. Der Landessekretär und Sanierungsmanager Fritz Mitschitz konnte sich mit diesem Projekt leider auch nicht anfreunden, denn sein Fokus, der für ihn Priorität hatte, lag auf der Sanierung des LV Wien. Mitschitz meinte damals zynisch: „Wer bekommt den Mitgliedsausweis? Der Hund oder sein Führer?"

Die Gruppe wurde also um 1985 aufgelöst und das KFZ 016 wurde vom Ehrenamtlichen Michael Reichenbach für den Privatgebrauch erworben. Die BT SAR wurde 1999 neu gegründet und es gab keine Kontaktaufnahme mehr mit der Suchhundegruppe.

Wie wichtig die Hundestaffel ist, zeigt der Bericht des Erd-
bebeneinsatzes 1980 in Calabritto in Italien von dem Kommandant Gerhard Dlapal erzählt. Er ist ein erschütternder Beweis
für die Notwendigkeit dieser Einsatzkräfte mit ihren vierbei-
nigen Kameraden.

*„Ich war mit den Hundeführern 15 Tage lang in Campania. Die er-
schütternde Aufzeichnungen sprechen für sich und geben ein Bild
von der Arbeit der Suchhunde.*

*Calabritto, Mittwoch, 10. Dezember: Endlich haben wir
die Schwierigkeiten beseitigt. Die „Bombieri" graben! Jetzt
geht es Schlag auf Schlag. Zuerst die Frau unter den Stiegen und dann das fünfjährige Mädchen. Der Löffelbag-
ger hatte schon die Arbeit eingestellt, obwohl die Suchhunde die Stelle sicher anzeigten. Da sah der Vater des
Kindes das Kleid.*

*Calabritto, Freitag, 12. Dezember: Einer von uns glaubte
in einem Haus Klopfzeichen gehört zu haben. Wir suchen
verzweifelt. Leider negativ. Mittags schmeckt das Essen
nach Desinfektion. Es sind unsere Hände. Nach kurzer
Pause arbeiten unsere Hunde am Hang, wo der stürzen-
de Kirchturm die Häuserzeile mitgerissen hat. Wo anfan-
gen? Der Schutt ist voller Leichen. Die italienische Feuerwehr verlässt schreiend den Ort, wieder einmal: „Molto
pericolosa!" „Sehr gefährlich!" Unsere Ortungsfähnchen
wehen im Wind.*

*Calabritto, Samstag, 13. Dezember: Wir kriechen durch ei-
nen verschütteten Torbogen und stolpern über einen nack-
ten Fuß. Er ragt still aus dem Schutt und deshalb bringt
der junge Offizier sofort die Bergemannschaft. Unter der
Tür liegt eine Frau. Das Übliche: Bergung Desinfektion.
„Die hat Handschuhe an", schreit ein Hundeführer, „hat
die gegraben?" Durch den Torbogen durch hören wir nur:*

„Domani, domani – morgen." So graben wir selbst, mit einem Stück Holz, mit den Händen. Da sehen wir Haare.

Calabritto, Montag, 15. Dezember: Ein Suchhund geht in ein Haus und kommt nicht mehr zurück. Er lässt sich auch nicht mehr zurücklocken. Verdammt! Alles wackelt. Der Boden, die Wände, die Decke. In einem der Räume liegt der Suchhund, unter ihm, unter Trümmern die Reste eines Eisenbettes. Ist der Hund müde? Da legt er seine Schnauze auf die Finger im Schutt. Bei der Bergung des Opfers finde ich unter den Trümmern das Bild eines etwa 16-jährigen Burschen.

Calabritto, Dienstag, 16. Dezember: Bei der großen Kirche orteten unsere Hunde unter Schutt eine Fundstelle. Vier Tage hörten wir nur: „Molto pericolosa!" „Sehr gefährlich, morgen!" Heute schalten wir auf „stur". Heute wird geschaufelt. So nebenbei entdecken wir unter der abgestürzten Glocke einen Toten. Das ist der Alltag in Calabritto. Mitleid und Rührung sind abgestumpft. Da stocken die Räumungsarbeiten. Großes Palaver. Zwei Hände ragen aus dem Schutt. Man will wie immer gleich desinfizieren. Ich brülle, aber das grüne Zeug sprüht bereits. Wann werden sie zuerst schauen, ob die Verschütteten noch leben? Trümmer werden zur Seite geräumt. Wir erkennen zwei Körper und sind erschüttert. Die eine Person birgt unter sich eine andere. Schützend liegen die Hände über den Kopf eines jungen Mädchens. Noch keine Leichenstarre. Man dreht den Kopf nach vorn. Die Haare sind grau, nicht vom Schutt. Rotes Blut fließt aus der Nase. Ich zähle die Tage, seit denen wir die Bergung verlangen. Jetzt ist alles aus und zu spät.

Calabritto, Mittwoch, 17. Dezember: Wir fahren nach 15 Einsatztagen ab. Am Straßenrand werden Textilien verbrannt. Verschüttete brauchen keine Decken. Calabritto ist gestorben. Calabritto wird es nie mehr geben. Schub-

raupen werden nur einen riesigen Schuttkegel zurücklassen. Einen großen Friedhof ohne Kreuz."

(Meine Anmerkung: Die italienische Bezeichnung für Feuerwehr lautet Pombieri)

Das WRK in den „Roten Zahlen"

Seit der Gründung des LV Wien mit einer Handvoll hauptamtlichen Mitarbeitern, davon drei in der Verwaltung und zweiundzwanzig als Sanitätskraftfahrer, ist der Verein langsam, aber sukzessive gewachsen. Dieser Zustand war für die Vereinsleitung überschaubar. Die kaufmännischen Geschäftsführer waren damals Lehrer von Beruf. 1982 erreichte der Verein eine Größe, die wirtschaftliches Denken und Handeln erforderte. Die damaligen Geschäftsführer waren diesen Anforderungen nicht mehr gewachsen. Es fehlten Kontrollmechanismen in den finanziellen und wirtschaftlichen Abläufen. Diese Situation hätte Korruption Tür und Tor öffnen können.

ten Stand gebracht werden. Nach einem Computerabsturz im Vorjahr geht derzeit die halbmanuelle Aufarbeitung in die Endphase.

Wobei natürlich auch Krisen wie diese ihre Vorgeschichte haben. Vereinsinterne Kritiker greifen dafür gern zu einem prallen Vergleich aus dem heimischen Fußballerleben:

„Unser Landesverband", so ein Rotkreuzler im Offiziersrang, „hat sich jahrelang wie ein Amateurverein aufgeführt, der durch Zufall in die Profiliga aufgestiegen ist. Die Funktionäre sind Amateure geblieben. Und an der Spitze steht ein Politiker als Präsident."

Der Präsident heißt Prof. Dr. Alois Stacher, ist als Arzt und Wissenschaftler unumstritten, als Wiener Gesundheitsstadtrat AKH-bekannt.

Der Chef der „Amateur-Funktionäre" hieß bis zum vergangenen August Herwig Jungwirth-Weinberger – ein Volksschullehrer, mehr als 20 Jahre Freiwilliger, seit 1976 Landesrettungskommandant (höchster ehrenamtlicher Posten, der im militärisch organisierten Roten Kreuz dem eines Bundesheer-Oberst entspricht), seit 1978 auch Landessekretär und Direktor. In Personalunion.

Und damit Verwalter eines Jahresbudgets von – zuletzt – 84 Millionen Schilling.

Ein Direktor, der nie Kaufmann war

Jungwirths Selbsteinschätzung: „Ich habe nie behauptet, daß ich ein Wirtschafter bin."

Jungwirth, wie ihn seine Untergebenen sahen: „Gutmütig", „mit zu vielen verbandelt", „ohne Autorität".

Stacher, der Präsident, über Jungwirth, seinen Direktor: „Naiv." Und: „Überfordert. Was er ja eingesehen hat."

Denn als das Ausmaß der galoppierenden finanziellen Schwindsucht nicht mehr zu übersehen war, sah sich Jungwirth vor die Frage gestellt, wie er sich denn die Sanierung vorstelle. Seine Antwort: Er kündigte. Nicht ganz freiwillig.

Nur läßt sich die Krise des Wiener Roten Kreuzes nicht auf einen Buhmann reduzieren. Vereinsmitglieder sehen die Ursachen zum einen im System, zum anderen in der spezifischen Wiener Situation und erst zum dritten schlicht in der „Unfähigkeit einiger Verantwortlicher".

Im System: Der Wiener Landesverband ist zwar Mitglied des Österreichischen Roten Kreuzes, als eigenständiger Verein aber nicht nur in seiner Finanzgebarung völlig unabhängig und alleinverantwortlich. „Gemeinnützig und nicht auf Gewinn gerichtet" sollte er laut Statuten seine Aufgaben aus Mitgliedsbeiträgen, Sammelaktionen, Lotterien, Spenden und Subventionen decken. Nur – daß diese Einnahmen nicht einmal zehn Prozent des jährlichen Budgets finanzieren.

Die Wiener Situation: Während das Rote Kreuz in den Bundesländern beinahe ein Monopol in Sachen Erster Hilfe hat, muß sich Wien als kleinster (!) Landesverband den karitativen Kuchen und damit die Einnahmen teilen: mit städtischer Rettung, Arbeiter-Samaritern, Johannitern und Maltesern.

Lassen sich etwa die Gemeinden Baden und Umgebung „ihr" Rotes Kreuz rund zehn Schilling pro Kopf der Bevölkerung an Subvention kosten, so wurden Wiens Rotkreuzler von der Gemeinde 1981 mit 400.000, 1982 mit 360.000 Schilling gesponsert.

Und zahlt etwa die Wiener Gebietskrankenkasse der städtischen Rettung für einen Krankentransport 459 Schilling, so erhalten die karitativen geschätzte 700.000 Schilling, die ohne Absicherung in den Computer eingegeben worden sind." Und prompt in der Weite des Elektronengehirns verlorengingen. Tausende Transportzettel mußten allein aus diesem Grund in der Mitschitz-Ära händisch nachgerechnet werden.

Womit natürlich auch die entsprechenden Zahlen in der Bilanz schlicht falsch waren. Mitschitz: „Die angegebenen Forderungen waren zu hoch." Was, wie jeder Buchhalter seit Adam Riese weiß, den Verlust steigen läßt. Von 4,1 Millionen

Bevor diese Situation in den Medien bekannt geworden war, hat aber Präsident Univ. Prof. DDr. Alois Stacher entschieden durchgegriffen. Nach der dringend erforderlichen Ablöse des Bilanzbuchhalters wurde vom Präsidenten, der Sanierungsmanager Fritz Mitschitz eingestellt. Mitschitz erkannte die prekäre Situation sofort. Als erste Konsequenz wurde der amtierende Landesgeschäftsführer sofort abgelöst und dann konnte Fritz Mitschitz mit den Sanierungsarbeiten beginnen. Diese Schwerarbeit fand nicht immer Anklang, da diese folgende Konsequenzen mit sich brachten:

» Kassasturz
» Überprüfung der Dienstverträge
» Überprüfung der Freiwilligenorganisation auf Effizienz
» Überprüfung der Personalleistung
» Sinnvoller Personaleinsatz
» Streichung unrentabler Dienstleistungen
» Harte Verhandlungen mit der Personalvertretung und Gewerkschaft

Fritz Mitschitz war ein Troubleshooter und hatte Schwierigkeiten einen sanierten Betrieb zu führen. Sein Markenzeichen war immer der Sparstiftgewesen, aber er schaffte den Spagat zwischen Sparen und Investieren nicht und musste seinem Nachfolger DI Dr. Klaus Otto Burger sein saniertes Schmuckkästchen übergeben. Mitschitz hat im Verein die Weichen für ein wirtschaftliches Top-Unternehmen gelegt, das den heutigen Erfordernissen gerecht wird. Der Sparstift wurde auch im Personalwesen eingesetzt. Durch die straffe Personalpolitik flossen bei den Mitarbeitern vieleTränen, aber das Ziel Arbeitsplätze zu sichern und weitere zu schaffen, wurde erreicht.

Der lange Weg zum NEF

Die Gründung des Mobil-Sicherheitsteams im Jahre 1975 entsprang der konsequenten Entwicklung des jahrelangen Engagements der Mobil Oil Austria AG im Bereich Verkehrssicherheit und Verkehrserziehung. Heute wird diese Nische von Autofahrer-Clubs betreut.

Im Dezember 1982 wurden aufgrund der guten Beziehungen zwischen der Bezirksstelle Donaustadt und der Firma Mobil Oil Austria, Herr Dkfm. Orasch und Herr Bezirkshauptmann Dr. Zach die Bezirksstelle Donaustadt zu einem Fahrtechniktraining am Salzburgring eingeladen. Der Mobil Oil Austria war es immer schon ein Anliegen das Rote Kreuz und speziell die Bezirksstelle jenseits der Donau zu unterstützen. Zu diesem Fahrtechniktraining waren auch Rot-Kreuz Kollegen aus den Bundesländern und Bayern eingeladen.

Die Kollegen aus Bayern stellten uns im Jahre 1982 ein Notarzt-Einsatzfahrzeug (im Folgenden NEF) vor. Die Kfz-Marke war aufgrund der Bauart und dem Fassungsvermögen für ein NEF zwar nicht ideal, aber dafür sehr schnell. Es war ein Porsche 944. Von den Vorteilen dieses Systems waren wir damals schon überzeugt, denn nicht jeder Rettungsabtransport erfordert eine Notarztbegleitung. Da jedoch Aus- u. Weiterbildung im präklinischen Bereich noch freiwillig waren, war zu dieser Zeit eine Notarztbegleitung aufgrund des Ausbildungsniveaus der Sanitäter oft erforderlich.

Mit dieser NEF Idee im Handgepäck kam ich damals aus Salzburg zurück. Auch die Verantwortlichen waren von diesem System überzeugt. Der Notarzt wäre nicht mehr an den NAW gebunden und für Folgeeinsätze frei. Allein der Ausbildungsstand sprach dagegen. Von der MA 70 (Berufsrettung) wurde das System ab dem 2. Oktober 1995 vorerst als Probebetrieb in der Rettungszentrale eingeführt. Anschließend auf die Rettungsstationen Penzing und Aspern ausgeweitet. Das NEF-System ist heute aus der Versorgung von Notfallpatienten nicht mehr wegzudenken.

Im benachbarten Niederösterreich hat das Rote Kreuz erst im Jahr 2018, 36 Jahre später, auf das NEF-System umgestellt. Dabei ist dieses System im ländlichen Raum noch viel effizienter und wichtiger.

Die Höhen und Tiefen einer Funktionärstätigkeit

Die schwierige Aufbauarbeit der Bezirksstelle Donaustadt wurde mit Hilfe des Bezirksvorstehers Albert Schultz (die Eishalle ist nach ihm benannt) 1984 abgeschlossen. Die Dienstleistungsstatistik erreichte dank der Mitarbeiter in kurzer Zeit ihren Höhepunkt und der Betrieb lief gut. Das war der ideale Zeitpunkt für junge Studenten zu versuchen, die Dienststelle zu übernehmen. Schultz wurde von einigen jungen Studenten als sozialistischer Politiker angeprangert und zog die Konsequenzen. Er verstarb am 25. November 1993 während einer Budget-Sitzung.

Er kehrte dem RK den Rücken zu, worüber der aufstrebende ASB nördlich der Donau sehr glücklich war und sich die Hilfe der Bezirkspolitiker erwartete. Die junge Garde an Studenten hatte es sich zum Ziel gemacht, mich als Gründer und Bezirksstellenleiter zu verdrängen, um selbst diese gut funktionierende Bezirksstelle zu übernehmen. In der Bezirksstelle Donaustadt gab es damals einen Studenten, der aufgrund mangelnder Disziplin mit der Leitung der Bezirksstelle Probleme hatte. Sein Vater war Ministerialrat im BMfLV und diesem wurde vermutlich von seinem Sohn erzählt, dass ich die Kameradschaftskasse veruntreut hatte. Ein Unsinn, denn ich war Bezirksstellenleiter nicht Kassier oder Kontrolleur. Diese Botschaft wurde vom Ministerialrat an den damaligen Generalsekretär Hans Polster weitergegeben. Dieser informierte den Wiener Landesgeschäftsführer Fritz Mitschitz. Mitschitz sprach mich dann persönlich darauf an. Ich war damals in der Kredit -u. Finanzwirtschaft in einer leitenden Position tätig und über diese Verleumdung entsetzt. In Reaktion auf die Anschuldigungen übergab ich sofort alle Dokumente der Bezirksstelle einem beeideten Wirtschaftsprüfer. In dem Prüfungsgutachten wurde keine Beanstandung festgestellt. Diese unerfreuliche Situation war für mich Grund genug, mich aus allen Führungspositionen (EL-Offizier, Arbeitsausschuss, Bezirksstellenleitung, Leiter Fahrerausbildung etc.) zurückzuziehen und wieder „aus Liebe zum Menschen" dort zu arbeiten, wo ich begonnen hatte, nämlich bei den Patienten. Ein Jahr später wurde mir vom Landesgeschäftsführer Fritz Mitschitz im Auftrag des Präsidenten Alois Stacher die Funktion des Landesrettungskommandanten angeboten. Dieses Angebot lehnte ich aber dankend ab, mit der Begründung nicht in den Verruf kommen zu wollen, aufgrund von politischen Einstellungen (Freundschaft zum SPÖ Bezirksvorsteher Schultz) eine Funktion beim WRK erhalten zu haben.

Vom VW-Transporter mit ärztlicher Begleitung zum Notarzthubschrauber

Bei meinem Eintritt in der Bischofgasse wurde diese Dienststelle von der Gendarmerie fallweise zu Verkehrsunfällen auf der Bundesstraße 1 bis in den Bereich Riederberg gerufen, denn in unserem Wagen war immer ein Arzt dabei. Die Ambulanzfahrzeuge waren nicht mit heutigen NAWs vergleichbar und die Fahrt von Meidling bis Riederberg, fallweise auf Glatteis, war für das Einsatzpersonal nicht ungefährlich.

Schwere Unfälle stellten die Einsatzkräfte der Exekutive, der Feuerwehr und der Rettungsorganisationen vor große Koordinations- und Leistungsprobleme. Dabei wurde deutlich, wie notwendig der Einsatz von Luftfahrzeugen zur Erbringung von Hilfeleistungen, aber auch für die Koordinierung der Einsatzkräfte war. Ein Beispiel dafür war das schwere Zugunglück zwischen Gerasdorf und Süßenbrunn am 9. November 1991.

Schnellbahnunglück in Gerasdorf bei Wien

am 9. November 1991

Von HBI Franz Bauernfeind, FF Gerasdorf

Unfallort

Im Gemeindegebiet von Gerasdorf bei Wien vereinigen sich zwischen den Bahnhöfen Leopoldau und Süßenbrunn die Schnellbahnlinien S 1 (Strecke Gänserndorf–Wien) und S 2 (Strecke Mistelbach–Wien). Diese mündet im Unfallbereich in die S 1 ein, zuständig ist das Zentralstellwerk Süßenbrunn, von dem die Bahnhöfe Gerasdorf, Süßenbrunn und Leopoldau eingesehen werden können.

Unfallhergang

Am 09. 11. 1991 um 17.15 Uhr stießen in diesem Bereich drei Schnellbahngarnituren zusammen. Der Lokführer der Garnitur Gerasdorf–Wien (S 2) hatte aus noch ungeklärter Ursache das Haltesignal überfahren und krachte mit seiner Garnitur seitlich in den in gleicher Richtung fahrenden Zug Gänserndorf–Wien (S 1). Diese Garnitur wurde aus den Schienen gehoben und kollidierte mit einer entgegenkommenden Schnellbahngarnitur, die nach Gänserndorf unterwegs war (S 1). Die Geschwindigkeiten der Züge betrugen laut Auskunft von ÖBB-Bediensteten ca. 100 km/h.

Alarmierung

Erst um 17.55 Uhr erreichte den Gendarmerieposten Gerasdorf folgende Meldung: „Zugsunglück in der Nähe Wasserturm, Zufahrtsmöglichkeit bei Fa. Eibl und Wondrak". Der diensthabende Beamte betätigte sofort die Sirene, jedoch kam es durch diese ungenaue Ortsangabe an die Besatzung des ersten Fahrzeuges (Rüst Gerasdorf) sowohl bei der Feuerwehr als auch bei der Rettung zu unnötigen Verzögerungen (Auffinden der Unfallstelle). Bereits bei der Anfahrt dieses ersten Fahrzeuges erhielt Florian Mistelbach den Auftrag, die Feuerwehren Seyring, Wolkersdorf, Obersdorf, Eibesbrunn und die Berufsfeuerwehr Wien zu alarmieren. Die BF Wien war zu diesem Zeitpunkt schon im Anmarsch und ließ über Florian Niederösterreich bereits Gerasdorf alarmieren. Die Unfallstelle war nur über einen entlang der S 1 führenden Feldweg und über Äcker zu erreichen. Einbruch der Dunkelheit und Regen erschwerten den Hilfsmannschaften das Auffinden und die Zufahrt zur Unfallstelle.

Erkundung

Für die Einsatzleiter der FF Gerasdorf, der BF Wien und der Rettung, welche zur gleichen Zeit eintrafen, bot sich ein Bild der Verwü-

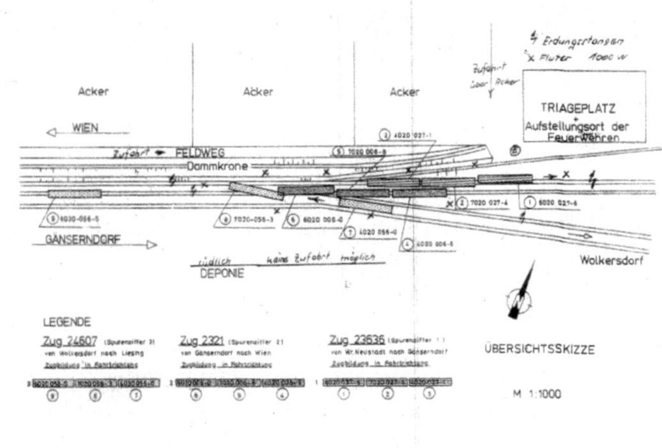

stung. Aus den umgestürzten und aufgeschlitzten Waggons konnte man Hilferufe von verletzten und eingeklemmten Personen wahrnehmen.

In der Zwischenzeit waren bereits weitere Einsatzkräfte der Feuerwehr und Rettung eingetroffen.

Erstmaßnahmen

Das Beleuchten der Unfallstelle wurde von Norden durch die nö. Feuerwehren und von Süden durch die BF Wien übernommen. Die Hilfsmannschaften durchsuchten die Unfallstelle und die Zugsgarnituren nach Reisenden, die Rettung errichtete einen Sammelplatz.

Stromabschaltung

Hier gab es die größten Probleme. Eine notwendige Maßnahme für das sichere Arbeiten der Einsatzkräfte war die Forderung, den Strom abzuschalten und die Oberleitungen zu erden, da ohne Erdung Restspannungen bis zu 3000 Volt auftreten können. Eine Rückmeldung über diese Sicherheitsvorkehrung erreichte die Hilfsmannschaften leider nicht. Erst um 19.36 Uhr sah der Einsatzleiter der BF Wien, wie die letzte Erdungsstange eingehängt wurde. Zu diesem Zeitpunkt waren bis auf ein Opfer alle Verletzten und Toten geborgen. Diese verletzte Person lag unter Trümmern und Kabeln, eine ärztliche Versorgung war nicht möglich. Sitze, Zwischenwände, Blechtrümmer und verschiedene andere Gegenstände mußten erst mit dem Winkelschleifer zerschnitten und beseitigt werden. Der anwesende Arzt konnte nur noch den Tod feststellen. Ein über der Toten liegendes ca. 5 cm dickes Stromkabel gestaltete die Bergung besonders schwierig. Auf ein Durchtrennen mußte verzichtet werden, da von den ÖBB eine konkrete Meldung über eine vorgenommene Stromabschaltung nicht vorlag.

Zur Unterstützung der Gendarmerie wurden ca. 100 Mann der Bundespolizeidirektion Wien eingesetzt, welche die Unfallstelle absicherten. Mittlerweile waren Bürgermeister Vögerle (Gemeinde Gerasdorf) sowie LBDSTV Staffel, Bezirksfeuerwehrkommandant OBR Buchta, Bezirksfeuerwehrkommandantstellvertreter BR Ing. Schamböck und ÖBB-Generaldirektor Übleis an der Unfallstelle eingetroffen und überzeugten sich persönlich vom Ausmaß der Katastrophe und den Fortschritt der Bergungsarbeiten.

Aufräumungsarbeiten

Nach Abschluß der Bergungsarbeiten und einer kurzen Lagebesprechung rückten die BF Wien und die auswärtigen Rettungsmannschaften ein. Die Beleuchtung der Unfallstelle an der Südseite wurde von den Einsatzkräften der nö. Feuerwehren übernommen. Die Feuerwehren Seyring, Wolkersdorf, Eibesbrunn und Obersdorf rückten um Mitternacht ein. Auf Ersuchen der ÖBB unterstützte die FF Gerasdorf die Bergungsmannschaften durch Ausleuchten der Unfallstelle. Am Sonntag, dem 10. 11. 1991, um 07.00 Uhr wurden die Beleuchtungsgeräte abgebaut, und die letzten Mannschaften rückten ein.

Um 08.00 Uhr wurde die FF Gerasdorf jedoch abermals durch die Gendarmerie mit dem Ersuchen, die Zufahrtswege gegen Schaulustige abzusperren, alarmiert. Doch diese Maßnahme zeigte keinen Erfolg, gegen 10.00 Uhr setzte eine „Völkerwanderung" in Richtung Unfallstelle ein, so daß Gendarmerie und Feuerwehr die Unfallstelle selbst abriegeln mußten, um den Arbeitskräften ein ungestörtes Arbeiten zu ermöglichen. Um 18.00 Uhr waren die Aufräumungsarbeiten soweit abgeschlossen, daß die FF Gerasdorf einrücken konnte.

Resümee

Die Zusammenarbeit der nö. Feuerwehren mit der BF Wien, der Rettung Wien und dem nö. Roten Kreuz war vorzüglich. Schwierigkeiten gab es leider mit dem Funkverkehr, da der Bezirk Wien-Umgebung und der Bezirk Mistelbach auf demselben Kanal arbeiten. Eine Änderung des Funkkanals wäre wünschenswert. Durch eine Funkverbindung zwischen den nö. Feuerwehren und der Rettung bzw. der BF Wien hätte wertvolle Zeit gewonnen werden können.

ZEITPLAN:

17.15 Uhr   Unfall

17.55 Uhr   Alarmierung
(40 Min. verlorene Zeit)

18.15 Uhr   Stromabschaltung gefordert
keine Rückmeldung

18.30 Uhr   1. Urgieren der Stromabschaltung

18.44 Uhr   2. Urgieren der Stromabschaltung

19.20 Uhr   Neuerliches Ersuchen um Stromabschaltung, da bis dato keine Rückmeldung erfolgt war

19.36 Uhr   Die letzte Erdungsstange wird eingehängt, ab diesem Zeitpunkt ist erst ein gefahrloses Arbeiten der Einsatzkräfte möglich.

EINGESETZTE KRÄFTE

Fahrzeuge und Geräte:
7 Feuerwehren, 131 Mann, 22 Fahrzeuge, 12 Fluter 1000 Watt, 8 Notstromaggregate, 1 hydraulischer Rettungssatz, 1 Winkelschleifer.

Rettung:
2 Hubschrauber, 6 Rettungsstellen, 116 Sanitäter, 10 Ärzte, 35 Fahrzeuge.

Bereitschaft:
1 Hubschrauber, 3 Katastrophenfahrzeuge, 1 Notfallambulanz.

Polizei: 100 Mann.

Gendarmerie: 20 Mann.   ∎

Für bodengebundene Rettungsmittel gab es keine Zufahrtsmöglichkeit zum Einsatzort, was die Eintreffzeit deutlich erhöhte. Der dort eingesetzte Notarzthubschrauber mit dem Piloten Trotzmüller konnte den Unfallort schneller lokalisieren.

In Meidling wurde 1957 eine Flugeinsatzstelle des Bundesministeriums für Inneres eingerichtet. Abflüge und Landungen erfolgten auf dem Exerzierplatz der Kaserne. Diese Luftfahrzeuge standen primär der Exekutive zur Verfügung, durften aber für Rettungseinsätze angefordert werden.

Ab 1991 war dort der vom Ministerium betriebene Notarzthubschrauber Martin 3 im Nahbereich der Wiener Rettung stationiert mit den beiden Urgesteinen CaptainTrotzmüller und Erwin Feichtlbauer, jetzt Notfallsanitäter NKI, Lehrsanitäter, von 1991–2001 HCM (Flugretter) und leitender Flugretter von 2001–2011. Als Insider der Rettungsszene in Österreich brannte das Herz Feichtelbauer für die Weiterentwicklung der Präklinik. Beide waren bestrebt, in Wien die Rettung aus der Luft noch effizenter zu gestalten.

Dieses bewährte System mit dem Martin 3 wurde am 1. April 2001 durch den Christophorus 9 ersetzt.

Christophorus 9 ist die Bezeichnung für den Standort des Notarzthubschraubers der Wiener Berufsrettung und des Christophorus Flugrettungsvereins unter dem Dach des ÖAMTC. Das Einsatzgebiet des Eurocopter EC 135 erstreckt sich derzeit von Wien über das Wiener Umland, das Marchfeld, das Weinviertel und das nördliche Burgenland.

Der Stützpunkt befand sich in einer zunächst provisorischen Unterkunft auf dem Gelände des Unternehmens Opel Wien in Aspern, ehe im Mai 2002 der Bau eines Heliports in direkter Nachbarschaft abgeschlossen wurde. Auf Druck der Anwohner*innen und in Folge von Beschwerden über den Fluglärm musste der Stützpunkt Anfang April 2017 auf das Dach des neu errichteten ÖAMTC-Mobilitätszentrums in der Wiener Baumgasse umziehen.

Der Christophorus 9 ist der meistgenützte Notarzthubschrauber Österreichs. Im Jahr 2015 wurde sogar ein Rekord aufgestellt. Als erster Hubschrauber des Christophorus Flugrettungsvereins wurde der Christophorus 9 zu mehr als 2000 Einsätzen innerhalb eines Jahres alarmiert. Diese Alarmierungen erfolgten primär durch die Rettungsleitstellen 144 Notruf Niederösterreich oder die Leitstelle der Wiener Berufsrettung. Die Einsatzbereitschaft gilt täglich von 6 Uhr bis spätestens 21:30 Uhr.

Betreiber sind einerseits der ÖAMTC, der die Piloten bereitstellt, und andererseits die MA70, die Berufsrettung Wien und in den Bundesländern das Rote Kreuz, die die „Helicopter Emergency Medical Services" (HCMs) und die Flugrettungsärzte (FLRA) stellen. Nachtflugtaugliche Systeme sind auch bereits in Betrieb, um eine 24-Stundenversorgung zu garantieren. Zwei Minuten nach dem Alarm befindet sich der „Gelbe Engel" bereits in der Luft.

Der Christophorus 1 ist übrigens der am Flughafen Innsbruck stationierte Notarzthubschrauber (NAH), der am 1. Juli 1983 als erster privater bzw. ziviler NAH Österreichs in Dienst genommen wurde. Diese Maschine stammte von dem französischen Hersteller Twin Star und ist die Bezeichnung für die zweimotorige Ecureuil (Eichhörnchen), hergestellt von Eurocopter und gehört zu Airbus Helicopter. Bei einer Reisegeschwindigkeit von 259 km/h und einer Höchstgeschwindigkeit von 290 km/h erreicht diese Maschine eine Dienstgipfelhöhe von 6095 m bei 2720 kg.

Der Beginn einer
strukturierten Ausbildung

In der Anfangszeit, Ende der 50-er Jahre, war es wichtig, die Notfallpatienten so schnell wie möglich vom Einsatzort in das nächstgelegene Krankenhaus zu bringen. Präklinische und notfallmedizinische Maßnahmen wurden nicht gesetzt. „Load and go" war die Devise. Oft wurden zwei oder mehr erheblich Verletzte mit einem Ambulanzwagen abtransportiert. In Erinnerung ist mir vor allem ein tragischer Vorfall Anfang der 60-er Jahre. In der Nacht vorm Muttertag wurden nach einem schweren Verkehrsunfall im Bezirk Gänserndorf drei schwerverletzte Jugendliche mit einem Ambulanzwagen, Marke Skoda Flachdach, ins AKH (damals AK 1. Unfallstation) transportiert und dort übergeben. Ein Patient lag auf der Krankentrage, der zweite auf der notdürftigen Reservetrage. Beide Patienten hatten ein schweres Polytraume erlitten. Der dritte Patient wurde mit einem offenen Oberschenkelbruch im Tragsessel sitzend transportiert.

In dieser Zeit reichte ein Erste-Hilfe-Kurs für eine Mitarbeit im Rettungsdienst Das hauptamtliche Personal musste dann sogenannte Sanitätshilfekurse (zum staatlich anerkannten Sanitätsgehilfen, eigentlich eine Ausbildung für den Spitalsbereich als innerklinischer Transporteur) mit Abschlussprüfung absolvieren, um im Rettungsdienst weiter arbeiten zu dürfen. Dies war ein erweiterter Erste-Hilfe-Kurs mit Hygieneschulung, der aber für die Präklinik nicht unbedingt hilfreich war.

Auch ehrenamtliche Mitarbeiter absolvierten diese Ausbildung und Prüfung zwecks Anerkennung aus dem hauptamtlichen Bereich. Für freiwillige Mitarbeiterinnen war diese Ausbildung aber nicht verpflichtend. Anfang der 70-er Jahre wurde seitens der Ärzteschaft innerhalb der Rettungsorganisationen – besonders beim WRK – auf diesen unbefriedigenden Umstand aufmerksam gemacht. Viele Ärzte erklärten sich bereit, interne verpflichtende Ausbildungsveranstaltungen abzuhalten. Da-

für wurde die Ausbildungsbezeichnung Sanitätshilfe verwendet. Ein erweiterter Erste-Hilfe-Kurs war die Voraussetzung, um in der Notfallrettung unter ärztlicher Aufsicht mitarbeiten zu dürfen. Die Ausbildung war zeitintensiv und auch von manchen Spitzenfunktionen aus war das Argument dagegen: „Das kann einem Ehrenamtlichen nicht zugemutet werden." Verantwortungsvolle Mitarbeiter besuchten immer wieder die angebotenen Veranstaltungen. Ernst Barak war der Vordenker des Ausbildungszentrums (im Folgenden ABZ) und gründete die Landesschule vom RK mit Standort im 5. Bezirk Wiens, Am Hundsturm 18. So gelang es die Ausbildung der Mitarbeiter zu strukturieren. Alle Ausbildungsveranstaltungen wurden zentral gesteuert und die Einsatzbefähigung war nicht mehr von der Sympathie des Bezirksstellenleiters abhängig, sondern vom Prüfungsergebnis.

Doch bis zum Sanitätsgesetz war es noch ein langer Weg.

Es gab Landesverbände, in denen die Spitzenfunktionäre gegen entsprechende Gesetze gewettert hatten. Am 11. April 1997 strahlte Radio Niederösterreich zwischen 13:30 und 14:00 eine Studiodiskussion mit dem Titel „IM GESPRÄCH" zum Thema Berufsbild – Sanitäter aus. Zu dieser Diskussion leisteten die folgenden Personen einen Beitrag:

» Prof. Dr. Fritz Sterz, damals Chefarzt des WRK: „Wenn Sanitäter ohne Arzt am Unfallort sind, führt der Weg direkt in die Pathologie."
» LRK v. RK NÖ Ing. Volkemar Burger: „Die geforderte Ausbildung ist nicht zu finanzieren. Auch gibt es in NÖ ein flächendeckendes Notarztsystem."
» Von der Gewerkschaft Jakob Grumbach: „Kein Berufsschutz der Mitarbeiter. Diese befinden sich rechtlich im luftleeren Raum."
» Landesrat NÖ Ewald Wagner: „Ich lade die Befürworter einer höheren Ausbildung für Sanitäter zur nächsten Budgetverhandlung ein."

» Mein Beitrag: „Wie viel kann an nachfolgenden Rehabilitationskosten bei qualitativ hochwertigen präklinischen Versorgungen gespart werden? Leider gibt es in Österreich noch keine Kostenrechnung, denn dadurch würden die politischen Argumente ins Leere gehen."

Diese Diskussion hat uns dem SanG etwas nähergebracht.

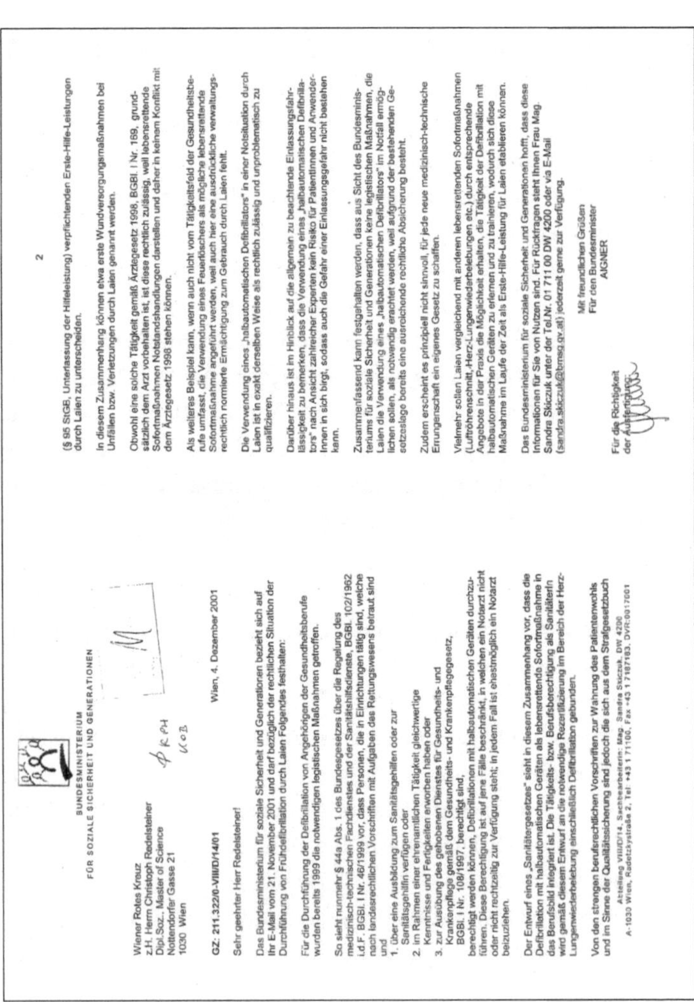

BUNDESMINISTERIUM
FÜR SOZIALE SICHERHEIT UND GENERATIONEN

Wiener Rotes Kreuz
z.H. Herrn Christoph Redelsteiner
Dipl.Soz., Master of Science
Nottendorfer Gasse 21
1030 Wien

GZ: 211.322/0-VIII/D/14/01   Wien, 4. Dezember 2001

Sehr geehrter Herr Redelsteiner!

Das Bundesministerium für soziale Sicherheit und Generationen bezieht sich auf Ihr E-Mail vom 21. November 2001 und darf bezüglich der rechtlichen Situation der Durchführung von Frühdefibrillation durch Laien Folgendes festhalten:

Für die Durchführung der Defibrillation von Angehörigen der Gesundheitsberufe wurden bereits 1999 die notwendigen legistischen Maßnahmen getroffen.

So sieht nunmehr § 44a Abs. 1 des Bundesgesetzes über die Regelung des medizinisch-technischen Fachdienstes und der Sanitätshilfsdienste, BGBl. 102/1962 i.d.F. BGBl. I Nr. 46/1999 vor, dass Personen, die in Einrichtungen tätig sind, welche nach landesrechtlichen Vorschriften mit Aufgaben des Rettungswesens betraut sind und
1. über eine Ausbildung zum Sanitätsgehilfen oder zur Sanitätsgehilfin verfügen oder
2. im Rahmen einer ehrenamtlichen Tätigkeit gleichwertige Kenntnisse und Fertigkeiten erworben haben oder
3. zur Ausübung des gehobenen Dienstes für Gesundheits- und Krankenpflege gemäß dem Gesundheits- und Krankenpflegegesetz, BGBl. I Nr. 108/1997, berechtigt sind,
berechtigt werden können, Defibrillationen mit halbautomatischen Geräten durchzuführen. Diese Berechtigung ist auf jene Fälle beschränkt, in welchen ein Notarzt nicht oder nicht rechtzeitig zur Verfügung steht; in jedem Fall ist ehestmöglich ein Notarzt beizuziehen.

Der Entwurf eines „Sanitätergesetzes" sieht in diesem Zusammenhang vor, dass die Defibrillation mit halbautomatischen Geräten als lebensrettende Sofortmaßnahme in das Berufsbild integriert ist. Die Tätigkeits- bzw. Berufsberechtigung als SanitäterIn wird gemäß diesem Entwurf an die notwendige Rezertifizierung im Bereich der Herz-Lungenwiederbelebung einschließlich Defibrillation gebunden.

Von den strengen berufsrechtlichen Vorschriften zur Wahrung des Patientenwohls und im Sinne der Qualitätssicherung sind jedoch die sich aus dem Strafgesetzbuch

Abteilung VIII/D/14, Sachbearbeiterin: Mag. Sandra Skiczuk, DW 4200
A-1030 Wien, Radetzkystraße 2, Tel. +43 1 71100, Fax +43 1 7187183, DVR:0017001

2

(§ 95 StGB, Unterlassung der Hilfeleistung) verpflichtenden Erste-Hilfe-Leistungen durch Laien zu unterscheiden.

In diesem Zusammenhang können etwa erste Wundversorgungsmaßnahmen bei Unfällen bzw. Verletzungen durch Laien genannt werden.

Obwohl eine solche Tätigkeit gemäß Ärztegesetz 1998, BGBl. I Nr. 169, grundsätzlich dem Arzt vorbehalten ist, ist diese rechtlich zulässig, weil lebensrettende Sofortmaßnahmen Notstandshandlungen darstellen und daher in keinem Konflikt mit dem Ärztegesetz 1998 stehen können.

Als weiteres Beispiel kann, wenn auch nicht vom Tätigkeitsfeld der Gesundheitsberufe umfasst, die Verwendung eines Feuerlöschers als mögliche lebensrettende Sofortmaßnahme angeführt werden, weil auch hier eine ausdrückliche verwaltungsrechtlich normierte Ermächtigung zum Gebrauch durch Laien fehlt.

Die Verwendung eines „halbautomatischen Defibrillators" in einer Notsituation durch Laien ist in exakt derselben Weise als rechtlich zulässig und unproblematisch zu qualifizieren.

Darüber hinaus ist im Hinblick auf die allgemein zu beachtende Einlassungsfahrlässigkeit zu bemerken, dass die Verwendung eines „halbautomatischen Defibrillators" nach Ansicht zahlreicher Experten kein Risiko für PatientInnen und AnwenderInnen in sich birgt, sodass auch die Gefahr einer Einlassungsgefahr nicht bestehen kann.

Zusammenfassend kann festgehalten werden, dass aus Sicht des Bundesministeriums für soziale Sicherheit und Generationen keine legistischen Maßnahmen, die Laien die Verwendung eines „halbautomatischen Defibrillators" im Notfall ermöglichen sollen, als notwendig erachtet werden, weil aufgrund der bestehenden Gesetzeslage bereits eine ausreichende rechtliche Absicherung besteht.

Zudem erscheint es prinzipiell nicht sinnvoll, für jede neue medizinisch-technische Errungenschaft ein eigenes Gesetz zu schaffen.

Vielmehr sollen Laien vergleichend mit anderen lebensrettenden Sofortmaßnahmen (Luftröhrenschnitt, Herz-Lungenwiederbelebungen etc.) durch entsprechende Angebote in der Praxis die Möglichkeit erhalten, die Tätigkeit der Defibrillation mit halbautomatischen Geräten zu erlernen und zu trainieren, wodurch sich diese Maßnahme im Laufe der Zeit als Erste-Hilfe-Leistung für Laien etablieren können.

Das Bundesministerium für soziale Sicherheit und Generationen hofft, dass diese Informationen für Sie von Nutzen sind. Für Rückfragen steht Ihnen Frau Mag. Sandra Skiczuk unter der Tel.Nr. 01 711 00 DW 4200 oder via E-Mail (sandra.skiczuk@bmsg.gv.at) jederzeit gerne zur Verfügung.

Mit freundlichen Grüßen
Für den Bundesminister
AIGNER

Für die Richtigkeit
der Ausfertigung:

Am 1. Juli 2002 trat das Sanitätsgesetz (SanG) dann zum Wohle der zu versorgenden Patienten in Kraft. Es wurde dadurch ein hochqualifiziertes Berufsbild geschaffen, das sich vom Hilfsarbeiterimage wegbewegte. Gestuft nach Notfallkompetenzen für Venenpunktion (NKV) und für Intubation (NKI) die für die Versorgung von Notfallpatienten erforderlich sind Eine periodische Überprüfung der vorhandenen Fähigkeiten ist gesetzlich vorgeschrieben.

Aber, wir sind nur gut, wenn wir immer versuchen, besser zu werden. Dafür sorgt Christoph Redelsteiner, der vormals als Leiter des Rettungsdienstes beim LV Wien tätig war und auch als treibende Kraft an der Umsetzung des SanG fungierte. Derzeit arbeitet Prof. Dr. Christoph Redelsteiner an der FH St. Pölten.

Der erste akademisch ausgebildete Rettungsfachmann

Er war einer vom WRK, der erste europäische „Rettungsmagister"!

FH-Prof. Dr. Christoph Redelsteiner ist jetzt Professor an der Fachhochschule St. Pölten und unterrichtet an dem Department Soziales und Gesundheit. Er ist auch fachwissenschaftlicher Leiter des Universitätslehrgangs für Rettungsdienstmanagement an der Donau Universität Krems.

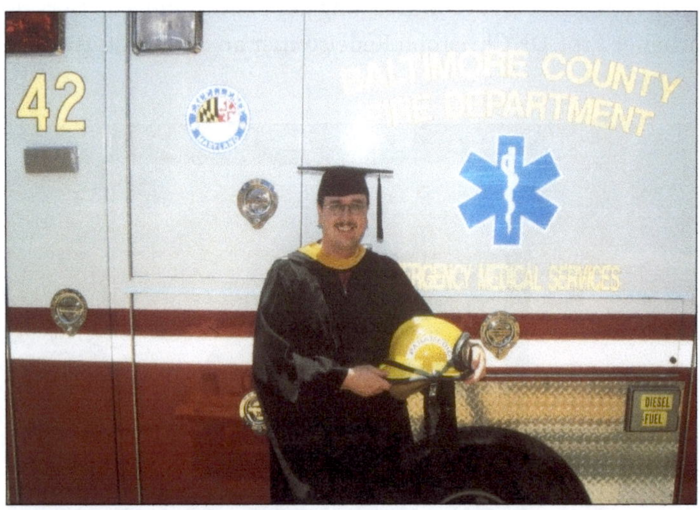

Christoph Redelsteiner, der seiner ursprünglichen Ausbildung nach diplomierter Sozialarbeiter war, wurde in den USA zum Paramedic und Rettungsassistent ausgebildet und schloss Anfang 2000 als erster Europäer seine Ausbildung zum Master of Science in Emergency Health Service, frei übersetzt: Magister der Wissenschaft im Bereich Rettungswesen erfolgreich ab. Dieser Studiengang wird an der Universität von Maryland am Campus in Baltimore angeboten. Voraussetzungen für eine Annahme in dieses Programm sind die Ausbildung zum Paramedic (Fachkraft für vorklinische Notfallmedizin) und ein abgeschlossenes dreijähriges Bachelorstudium.

Die Studienschwerpunkte waren unter anderem:

» Personalführung und Personalentwicklung
» Einsatzleitung vor Ort
» Katastrophenmanagement
» Weiterentwicklung von Rettungssystemen
» Logistik
» Management von Einsatzflotten
» Bedarfs- und Wirtschaftlichkeitsanalyse von Rettungsdiensten
» Qualitätsmanagement

Christoph Redelsteiner war von 1995–2009 beim LV für die Qualitätssicherung im WRK verantwortlich und als Leiter des Rettungsdienstes tätig.

Im Rahmen seiner RK-Tätigkeit im Jahr 2001 gelang es ihm mit einer offiziellen Anfrage an das Bundesministerium für Gesundheit bezüglich des Einsatzes von Defibrillatoren durch Laien, die Grundlagen für die Installation von Defibrillatoren im öffentlichen Raum zu initiieren. Der erste Defikurs für Laien fand im Parlament statt und auf Initiative des Präsidenten Dr. Teicht wurde dem Parlamentssprecher Fischer ein Automated External Defibrillator (AED) überreicht.

Dank Redelsteiners Beharrlichkeit – die ihm nicht nur Freunde machte – gelang es ihm mit einer kleinen Gruppe (RK Mitarbeiter, Medien, Gewerkschaft und befreundeten Rettungsorganisationen) das Sanitätsgesetz auf Schiene zu bringen, trotz des Widerstands von einigen ehrenamtlichen Spitzenfunktionären und dem ursprünglichen Widerstand mancher Landespolitiker. Mit diesem Gesetz und der verbundenen hochqualifizierten Ausbildung gelang es dann, ein angesehenes Berufsbild zu schaffen. Redelsteiner vertrat die Meinung, dass jeder Notfallpatient das Recht auf eine qualitativ hochwertige Versorgung hat.

Im Dezember 2015 gab Christoph Redelsteiner seine Dissertation in Public Health an der Uni Bielefeld zum Thema „Aktuelle und künftige Anforderungen an das Gatekeeping im präklinischen Bereich unter besonderer Berücksichtigung der soziodemografischen Entwicklung am Beispiel zweier Grenzregionen im Burgenland" ab. Seine Dissertation widmete er seinem langjährigen Freund und Mitstreiter Dr. med. Reinhard Malzer (2013 verunglückt) Ausbildungsleiter der Berufsrettung Wien. Mit Dr. Malzer konnte Redelsteiner viele präklinische Projekte bei Rettungsorganisationen durchsetzen, beispielsweise die Implementierung der Ausbildungskonzepte bei AMLS (Advanced Medical Life Support ist ein Konzept zur akutmedizinischen Beurteilung und Versorgung von Patient mit internistischen und/oder neurologischen Notfällen und/oder Erkrankungen), oder um Fehler in der Präklinik zu vermeiden, die Schulung in Pre Hospital Trauma Life Support, präklinisches Trauma Management mittel Algorythmus (PHTLS) und ist bereits in 67 Ländern der Welt implementiert. Sowie das Advanced Medical Priority Dispatch System (AMPDS) bezeichnet ein Protokoll zur standardisierten Aufnahme von Notrufen in Rettungsleitstellen. Mit der Umstellung auf zentrale Leitstellen wurde dieses strukturiertes Abfragesystem eingeführt.

Ich bin stolz, mich zu den Freunden von Christoph Redelsteiner zählen zu dürfen. Seine Einladungen zu Fachsymposien an der FH St. Pölten nehme ich immer gerne an.

Er ist einer von uns!

Gewerbliche Mitbieter aus dem Mietwagen-Gewerbe

Die Bestrebung des LV Wien war es ab dem Jahr 2000 nur noch qualifizierte Rettung- und Krankentransporte durchzuführen.

Im Laufe der Zeit wurden verschiedene verwandte Dienstleistungssparten eingestellt, bereits unter Franz-Josef Schober die RK-Schülertransporte und ab 2002 die sogenannten „PKW-

Transporte". Diese Dienstleistungen existierten für Personen, die nicht in der Lage waren, öffentliche Verkehrsmittel zu nützen, um ihre Behandlungsbesuche wahrzunehmen. Der Vertrag zwischen Krankenkassen und dem Roten Kreuz für diese Art der Beförderung wurde aufgekündigt, denn der Fokus des WRK richtet sich auf den qualifizierten Krankentransport. Auf diese Situation wurden dann die gewerblichen und auf Gewinn ausgerichteten Personenbeförderer aufmerksam und das Taxi- u. Mietwagen-Gewerbe erhoffte sich dadurch einen Geschäftszuwachs.

Im Jahr 2002 lief mein Arbeitsvertrag in der Finanzwirtschaft ab und ich wollte meinen wohlverdienten Ruhestand antreten, der dann aber abgesagt wurde.

Gerald Colloseus ein ehemaliger RK-Kollege, führte im 14. Wiener Gemeindebezirk ein gutgehendes Transportunternehmen. Mit diesem Unternehmen war er in den Sparten Gütertransport und Personenbeförderung mit Mietwägen und Taxis tätig. Gerald Colloseus, der durch ein Krebsleiden schon schwer gezeichnet war, bat mich, seine anspruchsvollen Stammkunden weiter zu betreuen.

Als bekannt wurde, dass der LV Wien auch die PKW-Transporte einstellen würde, hatte Gerald Colloseus bereits den Kampf gegen seine Krankheit verloren. Seine Gattin hatte kein Interesse daran das Unternehmen weiterzuführen und so übernahm ich als Nachfolger sämtlich Fahrzeuge und Leasingverträge, um das gut gehende Unternehmen zu retten. Ich meldete dann das notwendige Gewerbe an und führte es nahtlos als Einzelunternehmer weiter, ohne den für die Ausübung eines reglementierten Gewerbes erforderlichen Befähigungsnachweises zu haben. Um dieses Gewerbe ausführen zu dürfen, musste ich einen gewerberechtlichen Geschäftsführer bestellen. Im LV Wien gab es so eine Person bereits und die war Franz Josef Schober. Er verfügte über eine erfolgreich abgelegte Befähigungsprüfung und stand sofort – bis ich meinen Befähigungsnachweises erlangte – zur Verfügung. Mein Unternehmen war angelaufen und ich habe Robert Horacek angeboten, die in der RK-Leitstelle noch eingehenden PKW-Transportanforderungen sofort an mich weiter zu vermitteln. Mein Argument: „Es könnten unter den Patienten auch unterstützende Rot-Kreuz Mitglieder sein, welche kein Verständnis für die Ablehnung der Krankentransportanforderung hätten.“

Eine weiterte Hürde war der Vertrag mit den Kassen. Der Antrag auf einen Kassentransportvertrag wurde leider mit der Begründung zurückgewiesen, dass der Fuhrpark zu klein war. Es musste also ein Sub-Vertrag zwischen der Firma Haller & Felsinger, die zu dieser Zeit mit ca. 10 KFZ noch sehr klein war, und mir erstellt werden. Gleichzeitig trat ich als Gesellschafter in die Firma Haller & Felsinger GmbH ein. So konnten die vom RK vermittelten Beförderungen über Haller & Felsinger mit den Kostenträgern abgerechnet werden.

Diese Zusammenarbeit funktioniere für einige Jahre zur Zufriedenheit aller gut. Das Vorgehen hatte Vorteile, aber auch Nachteile. Haller als Vertragspartner der Krankenkasse verrechnete für jede KK-Abrechnung 5 % Provision vom Abrechnungsbetrag und für die im Verbund tätigen Unternehmen zusätzlich € 2,20 Dispositionskosten pro durchgeführte Fahrt für die von Haller bereitgestellt Leitstelle. Viel Geld, wenn man davon ausgeht, dass die Haller Leitstelle gemäß Thomas Haller jährlich 500.000 Transport hin und fast ebenso viele zurück disponierte. Für mich wurde nicht disponiert, denn ich hatte meine eigenen RK-Kunden, aber ich musste diese Dispositionskosten an Haller & Felsinger trotzdem bezahlen.

Um zwischen einfachen Krankentransporten (mit Mietwägen) und qualifizierten Krankentransporten (mit Ambulanzwägen und ausgebildeten Rettungssanitätern) zu unterscheiden wurde am 11. Jänner 2019 das neue Wiener Rettungs- und Krankentransportgesetz in seiner Änderung verlautbart. Einer der wesentlichen Punkte war der „Qualifizierte Krankentransport“, der nicht mehr von Taxi- und Mietwägen durchgeführt werden darf.

Grünes Kreuz

Das Grüne Kreuz wurde 1993 von Walter Tögel, der Taxiunternehmer war, und seinem Stellvertreter Dr. Manfred Rotter gegründet. Der Name Dr. Rotter ist untrennbar mit dem RK verbunden. Dr. Manfred Rotter ist der Sohn von Dr. Erwin Rotter, geb. 1927, der seinen Sohn Manfred schon in frühen Jahren zur Rettungstätigkeit motiviert haben dürfte, denn Dr. Rotter sen. war bereits bei der Hietzinger Freiwilligen Rettungsgesellschaft tätig gewesen. Später arbeitete er beim LV Wien-NÖ und ab 1958 bei der heutigen Berufsrettung Wien als Rettungsarzt. Das Grüne Kreuz siedelte sich 1997 in Simmering in der Dreherstraße an. Das Ziel dieser Organisation war, am Rettungsverbund der Wiener Berufsrettung teilzunehmen. Das Grüne Kreuz kritisierte damals, dass der Städtische Rettungsdienst kein Rettungsmittel im flächenmäßig großen Bezirk Simmering stationiert hatte. In Folge eröffnete die Wiener Berufsrettung einen Stützpunkt in der Kaiserebersdorferstraße und dem Rettungstransportwagen der Van Swieten wurde der Rufname RK-Simmering gegeben. Die Organisation Grünes Kreuz wurde kritisiert, da sie ihre Mitarbeiter nicht kollektivvertraglich bezahlte und die Arbeitszeitregelung nicht genau beachtet wurde. Das wurde erst beendet, als ein Mitarbeiter im Februar 2010 einen Unfall mit drei Verletzten verursachte. Die seit 1. Jänner 2011 österreichweit geltenden Kollektivverträge für alle im Rettungsdienst Tätigen, finden jetzt auch bei der Entlohnung beim Grünen Kreuz Anwendung. Nachdem alle Voraussetzungen für den Rettungsdienstbetrieb (Dienstverträge für das Personal, Ausbildung, Fuhrpark und Abstellplatz etc.) erfüllt waren, stimmte die Stadt Wien einer Teilnahme am Rettungsverbund zu. 2014 wurde der Verein Grünes Kreuz zu Rettung und Soziale Dienste gemeinnützige GmbH umgewandelt.

2015 wurde dann der Zusammenschluss mit dem WRK beschlossen und der Firmenstandort nach Wien-Liesing in die Brunnerstraße 54 verlegt. Dies war die Mitteilung des Präsidiums und der Geschäftsleitung des WRK:

„Vorbehaltlich der behördlichen Genehmigungen tritt der Zusammenschluss der beiden Rettungsorganisationen mit 1. September 2015 in Kraft. Das Grüne Kreuz ist ab diesem Datum Teil des Verbundes des WRK und wird – unter seiner bestehenden Marke – eigenständig weitergeführt. Auch die Standorte und Rufnummern beider Organisationen bleiben bestehen.

Im Verwaltungsbereich werden wir in den nächsten Monaten die Kräfte bündeln und Prozesse, wie z. B. Controlling werden zusammengeführt. Damit stellen wir sicher, zukünftig gemeinsam unsere Leistungen für Rettungs- und Krankentransportdienste in hoher Qualität zu optimierten Kosten und vernetzt anbieten zu können. Für die Kundinnen und Kunden unserer Organisationen ändert sich vordergründig nichts. Mit optimierten Abläufen bieten wir diesen die gewohnt hervorragende Qualität unserer Dienstleistungen. Gemeinsam sind wir für die sich rasch ändernden Anforderungen und Kundenbedürfnisse gestärkt und bestens aufgestellt."

Durch die Zusammenarbeit beider Rettungsorganisationen konnten Pünktlichkeit, Qualität und Zuverlässigkeit maßgeblich gesteigert werden.

Von der einfachen Ambulanz zur Veranstaltungssicherheit

Bei Veranstaltungen waren die gestellten Ambulanzen in der Anfangszeit relativ einfach. Es waren bloß Sanitäter vor Ort und es herrschte ein direktes Kommen und Gehen der Helfer zu Beginn und nach dem Ende der Veranstaltung. Bei größeren Events waren auch KTWs mit Ambulanz-Equipment im Einachsanhänger präsent und fallweise auch ein Arzt. Die Veranstalter forderten das RK, mit einem Hinweis um welche Veranstaltung es sich handelte, an. Detailinformationen waren oft nicht klar. Das Ausmaß, bzw. wie groß der Besucheransturm sein würde, war meist ungefähr bekannt. Bei sportlichen Auseinandersetzungen wie z. B. Veranstaltungen im Wiener Stadion konnte man nur hoffen, dass die anwesenden Fans der Teams nicht aufeinanderprallen würden. Dies war immer vom Spielausgang und den Schiedsrichter Entscheidungen abhängig. Leider kam es fallweise zu Ausschreitungen und es wurden im Zuge auch RK Fahrzeuge beschädigt. Die Zusammenarbeit mit den Behörden ergab sich nur spontan Vorort. Im Laufe der Jahre wurde der Fokus mehr und mehr auf Veranstaltungssicherheit gelegt. Aber wie man an der Brandkatastrophe des Ringtheaters am 9. Dezember 1881 merkt, muss immer etwas passieren, damit etwas passiert. Ein zum Glück weniger tragischer Vorfall ereignete sich 2012 bei einem Open-Air-Konzert von David Guetta in der Krieau. Ein unerwartet hohes Einsatz- und Patientenaufkommen, welches auf eine mangelhafte Planung des Veranstalters zurückgeführt werden konnte, führte zu einem Umdenken beim WRK hinsichtlich der Ambulanzplanung und der generellen Veranstaltungssicherheit. Ich durfte ein interessantes Gespräch mit dem Initiator dieser bahnbrechenden Sicherheitsidee, Georg Geczek, über diesen gesamten geschichtlichen Werdegang bis hin zu einer heute hochprofessionellen Unterstützung der Veranstalter durch das WRK führen.

Georg Geczek leitete von 2010 bis 2014 den Bereich Ambulanzdienste und baute diesen auch aus. In diesen Jahren stellten er und seine Kollegen fest, dass bei Veranstaltungen immer wieder mehr passierte als erwartet und dass die Sicherheitsplanung bei vielen Events durchaus optimierbar gewesen wäre. Georg Geczeks persönliche Beschäftigung mit dem Thema Veranstaltungssicherheit führte dazu, dass sich neben der Professionalisierung des WRK als Sanitätsdienstleister auch ein bisher nicht besetzter Markt an generellen Aus- und Fortbildung im Bereich Veranstaltungssicherheit in Österreich bildete. Zusammen mit der Geschäftsleitung, dem Landesrettungskommando und dem Katastrophenhilfsdienst wurde aus einer Idee im Oktober 2014 dann tatsächlich der Grundstein für das Competence Center Event-Safety-Management. Durch die Gründung dieses Kompetenzzentrums etablierte sich in Österreich ein einzigartiges Angebot an Lehrgängen und Intensivkursen zum Thema Veranstaltungssicherheit. Die Zielgruppe umfasste Veranstalter, Agenturen, Behörden, Sicherheitsdienstleister und sämtlich Blaulichtorganisationen.

Parallel zu diesem Bildungsangebot wurde auch die interne Planungsarbeit für sanitätsdienstliche Veranstaltungsbetreuungen dem aktuellen Stand der Entwicklungen angepasst. Anfangs wurde noch eher nach Bauchgefühl und mit Erfahrung geplant, aber ab 1996 dann nach dem Maurer-Schema, das eine recht simple auf Punkten basierende Planungsgrundlage ist. Auch heute wird dieses leider noch oft als „Goldstandard" bezeichnet, obwohl es für viele Veranstaltungen nicht passend ist. Modernere Ansätze bieten hier inzwischen der sogenannte Kölner-Algorithmus und ein Modell aus England, der British Event Safety Guide. Inzwischen ist das Maurer-Schema ein Standardverfahren in der Planungsarbeit im Bereich Ambulanzen/Sanitätsdienste des WRK, das basierend auf Risikoanalysen auch Bereiche wie z. B. den Einlass bei einer Veranstaltungsfläche oder Aspekte des Crowdmanagements kritisch betrachtet. Danach folgt eine Berechnung nach allen drei gängigen, sanitätsdienstlichen Planungstools und es wird basierend auf Erfahrung gemeinsam von Sanitätsdiensten und Landesrettungskommando ein „Einsatzkonzept sanitätsdienstliche Veranstaltungsbetreuung" verfasst. Diese Konzepte werden inzwischen vollinhaltlich von der Wiener Berufsrettung und der Wiener Veranstaltungsbehörde akzeptiert und in Veranstaltungsbescheide integriert.

Straßenbahnunglück in Döbling

Am 2. August 1960 war ich als 18-jähriger Rettungssanitäter zum Krankentransport eingeteilt. Mein Fahrer war Franz Jorde, ein älterer und umsichtiger Fahrer. Der Tagdienst verlief ohne besondere Ereignisse, aber das sollte sich am späten Nachmittag schlagartig ändern. Um 16 Uhr 45 ereignete sich an der Kreuzung Billrothstraße/Döblinger Hauptstraße das bislang schwerste Straßenbahnunglück in der Geschichte der Stadt Wien.

Ein in der abschüssigen Billrothstraße fahrender, aus Triebwagen und Beiwagen bestehender, Zug der Linie 39 fuhr in hohem Tempo auf Grund eines Bremsversagens in Richtung der Kreuzung mit der Döblinger Hauptstraße. Der Straßenbahnzug durchraste kurz darauf eine Rechtskurve, bei der er aus den Schienen sprang und geradeaus auf den aus der Haltestelle ausfahrenden Gegenzug der gleichen Linie prallte. Die damaligen Waggons bestanden im Fensterbereich teilweise aus Holzkonstruktionen und das schwere Dach versehen mit Stromabnehmer des stadtwärts fahrenden Triebwagens bohrte sich auf Fensterhöhe in den Gegenzug. Da sich der Unfall nach Arbeitsschluss in der Hauptverkehrszeit ereignete, waren beide Züge, insbesondere der stadtauswärts fahrende Zug, voll besetzt. Zehn Personen verstarben auf der Stelle und zehn weitere in den Krankenhäusern. Als wir gemeinsam mit weiteren Rettungsmitteln eintrafen, bot sich uns ein Bild des Grauens. Auf der Kreuzung türmten sich die gänzlich ineinander verkeilten Trümmer der zwei Triebwägen. Aus den Trümmern der umgestürzten Fahrzeuge gellten die Hilfe- und Schmerzensschreie der darin eingeklemmten Personen. Die Fahrbahn war mit Toten und Verletzten übersät, die beim Zusammenprall aus den Zügen geschleudert worden waren. Das erst intervenierende Rettungsmittel gab sofort einen Bericht ab und es wurden alle verfügbaren Krankenwägen der damaligen Städtischen Sanität alarmiert und in Stellung gebracht. Nun begann für die Feuerwehr der schwerste Teil der Rettungsaktion. Es galt die im Triebwagen eingeklemmten Personen mittels eines Magirus 15 t-Kranes zu bergen. Am Gehsteig wurde ein Hilfsplatz mit Triage eingerichtet und die umliegenden Krankenhäuser wurden von dem Ereignis in Kenntnis gesetzt.

Die Straßenbahnkatastrophe am 2. 8. 1960

Einer der Rettungsärzte im Einsatz

Foto: Kronen-Zeitung

Die Zeittafel der Katastrophe:

16:25	Abfahrt Sievering, Zug 2468
16:30	Erste Bremsschwierigkeiten; Fahrgäste werden unruhig
16:40	Einige Fahrgäste verlassen beunruhigt den Straßenbahnzug Nr. 2468
16:43	Haltestelle Peter-Jordan-Straße; wieder Bremsschwierigkeiten; Zug bleibt erst im letzten Augenblick stehen
16:44	Zug rast die abschüssige Billrothstraße hinunter, überholt Autos; Panik in den Waggons, Fahrgäste springen ab
16:45	Motorführer ist nicht mehr in der Lage, die Garnitur zu stoppen; sie braust an der Haltestelle vorbei, springt bei den Weichen der Döblinger Hauptstraße aus den Schienen; der Triebwagen bäumt sich auf und rammt den Triebwagen des Gegenzuges; totales Chaos bricht aus
16:51	Alarmierung der Rettung, Polizei und Feuerwehr
16:55	Voller Polizeialarm; drei Funkwagen treffen ein; Einsatzkommando wird angefordert
16:56	Sieben Rettungswägen (NAW) und acht Sanitätswägen (KTW) sind auf der Fahrt zur Unfallstelle
17:00	Feuerwehr greift ein; Passanten bergen zusammen mit Polizisten und der Feuerwehr vorab die Schwerverletzten
17:05	Der erste Arzt trift ein; unmittelbar darauf Großeinsatz für Hilfskräfte
17.10	Fünfzig Mann Polizeieinsatzkommando trifft ein; Unfallstelle wird abgeriegelt
17:15	Funkwagen Richard meldet: 20 Personen sind verletzt
17:16	Funkwagen Richard meldet: Mindestens 30 Personen schwer verletzt; Chaos auf der Straße; Lautsprecher dringend erforderlich
17:20	Abtransport der Verletzten beginnt
17:25	Alarm in den Krankenhäusern; Operationssäle werden freigemacht
17:30	Abtransport der Schwerverletzten beendet
17:32	Menschenansammlung vor den Spitälern
17:35	Polizei schreitet ein; Arbeitsunfallkrankenhaus Webergasse muss abgeriegelt werden
17:40	Erste genaue Meldung: 10 Tote, 30 Schwerverletzte, 50 Leichtverletzte
17:50	Das elfte Todesopfer
18:00	Noch kein Todesopfer identifiziert
18:03	Der Name des ersten Toten ist bekannt: Motorführer des stadtwärts fahrenden Zuges
21:10	Neun Leichen in der Gerichtsmedizin noch nicht identifiziert
22:05	16 Todesopfer

60 Jahre später habe ich meine persönliche Dokumentation dem Bezirk Döbling zur Verfügung gestellt, die jetzt im Bezirksmuseum einsehbar ist.

Flugzeugabsturz über Wien

Am 16. Mai 1964 dem Pfingstsamstag kollidierte im Bereich Neubaugasse/Mondscheingasse ein Flugzeug der Wiener Städterundfluggesellschaft mit der Maschine eines Privatpiloten. Zu diesem Unfall wurden auch Rettungsmittel des WRK angefordert. Unser Team wurde zum Bereich der Neubaugasse gegenüber der Löwinger Bühne berufen. Ob es Überlebende gab, konnte zu dem Zeitpunkt noch nicht festgestellt werden, aber der Zustands des Absturzortes legte nahe, dass es keine gab. Die Körperteile von Unfallopfern deuteten jedenfalls darauf hin.

Ein Zeuge war gerade Richtung Theater in der Josefstadt unterwegs und sah eines der beiden Flugzeuge abstürzen. Das Flugzeug fiel senkrecht in den engen Lichthof eines Hauses gegenüber dem Theater in der Josefstadt, explodierte aber zum Glück nicht. Untersuchungen ergaben, dass der Pilot dies verhindert hatte, in dem er noch kurz vor dem Aufprall die Benzinleitungen abgedreht hatte. Mit der Schnauze voran stürzt die Maschine in den Lichthof und wurde vorne völlig zusammengedrückt – alles schwamm in Blut, lautete der dramatische Bericht eines weiteren Zeugen.

Durch den Zusammenstoß, bei dem 6 Menschen ums Leben kamen, wurde einer der beiden Motoren der Maschine der Städterundfluggesellschaft abgerissen, und fiel gegenüber dem Fotogeschäft „FOTO ECKE" in eine Wohnung im zweiten Stock des Hauses Neubaugasse 36. Dort durchschlug der Motor dann noch zwei Etagen und blieb im Kellerraum liegen. In den Flugzeugen gab keinen Überlebenden.

Aufgrund dieses Vorfalls ist seither das Überfliegen des Wiener Stadtgebietes mit Sport- und Privatflugzeugen verboten.

Fortsetzung auf Seite 3

Opec Überfall 1975

Als RK Notarzt im NAW RK1 und Mitglied der Bezirksstelle Wien-West war auch Heinz-Peter Slatin, der später ÖRK-Chefarzt wurde, damals im Einsatz.

Zur Lage: Am 21. Dezember 1975 fuhr ein sechsköpfiges Terrorkommando am späten Vormittag vom Hotel Hilton nahe dem Stadtpark, wo die Terroristen Zimmer gemietet hatten, mit der Straßenbahn die Ringstraße entlang. An der Haltestelle Schottentor stiegen die Terroristen aus und gingen die wenigen Meter bis zur OPEC-Zentrale am Dr.-Karl-Lueger-Ring, heute Universitätsring. Die Terroristen betraten um 11 Uhr 45 die OPEC-Zentrale, ohne sich ausweisen zu müssen oder kontrolliert zu werden, obwohl ihre Taschen mit Waffen und Sprengstoff bepackt waren. Dann gingen sie zum Konferenzsaal im ersten Stock des Gebäudes, wo elf Minister sowie hochrangige OPEC-Vertreter über eine eventuelle Erhöhung der Erdölpreise berieten.

Im Hausflur hielten sich rund 30 internationale Journalisten auf. Zwei Beamte der Polizei in Zivil bewachten die Gänge und den Konferenzsaal. Die Terroristen zogen ihre Schusswaffen. Einer der Polizeibeamten, ein 65-jähriger, der kurz vor seiner Pensionierung stand, stellte sich Carlos entgegen. „Sind Sie Polizist?", fragte ihn dessen deutsche Komplizin. Als der Polizist die Frage bejahte, schoss die Terroristin auf ihn und verletzte ihn dabei tödlich. Sie soll außerdem den irakischen OPEC-Angestellten Alaa Hassan Khafali getötet haben, der sich ebenfalls den Terroristen entgegenstellte.

Die Terroristen konnten etwa 62 Personen in ihre Gewalt bringen, darunter alle elf Minister der OPEC-Staaten sowie weitere Delegationsmitglieder und deren Mitarbeiter. Der libysche Delegierte Jusuf al-Azmarly, der einem der Täter die Schusswaffe entreißen wollte, wurde von Carlos erschossen.

Nachdem wenige Minuten später die ersten Polizeikräfte eintrafen, schossen die Terroristen aus den straßenseitigen Fenstern. Drei Beamte versuchten, in das Gebäude einzudringen, und stürmten die Treppe hinauf. Daraufhin eröffnete der deutsche Terrorist Hans-Joachim Klein das Feuer. Auch eine Handgranate wurde von den Terroristen geworfen. Ein Polizist der Alarmabteilung wurde von einem Projektil getroffen, konnte jedoch das Feuer erwidern, dabei erlitt Klein einen Bauchschuss.

Später überbrachte eine OPEC-Mitarbeiterin eine Botschaft der Terroristen, in der diese um eine Feuerpause ersuchten, um die beiden Schwerverletzten, den Polizeibeamten sowie den Terroristen Klein, in ein Krankenhaus bringen zu lassen. Klein wurde ins Wiener Allgemeine Krankenhaus (AKH) transportiert. Dort wurde festgestellt, dass bei ihm ein Querschläger schwere Verletzungen im Bauchraum verursacht hatte und das Projektil in seiner Wirbelsäule steckte.

Am nächsten Tag wurden die Minister und 22 der übrigen Geiseln nach Nordafrika entführt. Nie zuvor befanden sich so viele hochrangige Politiker in den Händen von Terroristen. Die Geiselnehmer wurden von dem Venezolaner Ilich Ramírez Sánchez, auch Carlos der Schakal genannt, angeführt. Bis heute sind nicht alle Hintergründe der Terroraktion und die genauen Tatabläufe geklärt (vergl. Werner Sabitzer: „Zwei Tage Angst").

Einsturz der Reichsbrücke

Mein langjähriger Kamerad Rainer Geist, der ehemalige KAT-Beauftragte der Bezirksstelle Wien-West, stellte mir diesen Einsatzbericht des Reichsbrückeneinsturzes zur Verfügung, bei dem ich als LKW-Fahrer mit unserem Steyr 380 samt Feldküche im Einsatz war.

1976 in der Nacht von 31. Juli auf 1. August war Ing. Hellmuth Bayer in der damaligen Rettungszentrale des WRK in der Spallartgasse 7, 1140 Wien im Journaldienst eingeteilt und im Dienst.

Um ca. 4 Uhr 45 klingelte im Journaldienst das Telefon auf der Intern-Leitung (Zusammenschluss der Rettungsorganisationen in Wien für interne Kommunikation) und es meldete sich der Journaldienst des ASB und meinte, „irgendwas im Bereich der Reichsbrücke sei passiert". Genauere Informationen hatte er aber noch nicht und er würde den ARBÖ-Pannenfahrer, der zu dieser Zeit durch den ASB-Journaldienst disponiert wurde, mal hinsenden. Nähere Informationen sollten folgen.

Bayer gab daraufhin über die Haus-Sprechanlage die Erstinformation des ASB an alle sich im Dienst befindenden RK-Kollegen weiter. Bayer verkündete, dass die Nachtruhe damit beendet sei und sich alle Kollegen für einen eventuellen Großeinsatz bereitmachen sollten. Aus dem Schlafsaal kam die Antwort: „Der trinkt doch sonst nichts, aber heute muss er betrunken sein." Aber auch an diesem Morgen war er stocknüchtern gewesen.

Alle Kollegen versammelten sich im Aufenthaltsraum und warteten auf weitere Informationen. Irgendwann kam dann die Rückmeldung vom ASB-Journaldienst, dass die Reichsbrücke eingestürzt war.

Details waren noch nicht bekannt.

In den Nachrichtensendungen am Sonntag wurde dann nicht nur vom Einsturz der Reichsbrücke berichtet, sondern auch von Niki Lauda, der am Nachmittag schwer verunglückt war.

Lage/Auftrag/Planung und Durchführung seitens der Bezirksstelle-West: Einsturz der Wiener Reichsbrücke, 1020 Wien, am 01. August 1976.

Am Morgen des 01. August 1976 gegen 5 Uhr erhielt Rainer Geist einen Anruf vom Landesrettungskommandanten Hadl, der diesem berichtete, dass die Wiener Reichsbrücke eingestürzt war und die Wiener Polizei das WRK ersucht hatte, einen Sozialeinsatz für die große Anzahl eingesetzter Personen der Polizei und Feuerwehr vorzubereiten – das spektakuläre Ereignis habe sich um 4 Uhr 43 Uhr ereignet.

Der Einsatz wurde zwei Bezirksstellen zugewiesen. Der Einsatzbefehl an die KAT-Gruppe der Bezirksstelle Wien-West lautete:

„Errichtung eines Unterkunft Zelts auf dem Wiesenge-
lände unmittelbar vor der Reichsbrücke als Wetterschutz
bzw. Aufenthalts (Ruhe) Bereich für die eingesetzte Poli-
zei und Feuerwehr."

An dem Morgen herrschte kühles und leicht regnerisches Wetter.

Der Einsatzbefehl für die KAT-Gruppe der Bezirksstelle DDr. Lauda lautete (sinngemäß):

„Herstellung/Beschaffung einer Warmverpflegung so-
wie Anlieferung und Ausgabe bei der Reichsbrücke mit
der Feldküche groß."

Die Feldküche groß sowie der Zug-LKW waren im Bereich der
Rettungsstation 1140, Spallartgasse, abgestellt.

Gemäß der vorbereiteten Alarmierungsliste des Katastro-
phenplans der Bezirksstelle Wien-West wurden die Angehörigen der KAT Gruppe der Bezirksstelle durch Geist ab 5 Uhr 5 telefonisch im Schneeballsystem alarmiert mit dem Auftrag, sich
sofort in Uniform bei der Rettungsdienststation in der Spallartgasse zu melden. Rainer Geist begab sich ebenfalls unmittelbar
dorthin, wo er gegen 5 Uhr 30 eintraf.

(Von den Angerufenen kamen die seltsamsten Bemerkungen,
als Rainer Geist gegen 5 Uhr von einem Einsturz der Reichsbrücke sprach – „Scherz" war noch die harmloseste!)

Über den Nacht-Journaldienst in der Spallartgasse (Ing.
Bayer) wurden mir ein KTW als Zugfahrzeug sowie der Schlüs-
sel für den dort ebenfalls stationierten Katastrophen-Anhän-
ger der Bezirksstelle Wien-West übergeben, so dass unsere K-
Gruppe, welche mittlerweile eine Stärke von 1:5 erreicht hatte,
mit dem KTW samt Anhänger in Richtung Einsatzstelle abrü-
cken konnte.

05:45,   Abfahrt von der Rettungsstation 1140, Spallartgasse –
          Einsatbeginn
06:15,   Ankunft Einsatzstelle Reichbrücke – Meldung beim
          bereits anwesenden LRK Hadl, sowie Erkundung des
          vorgesehenen Zeltplatzes
06:30,   Beginn Erichtung K-Zelt
06:45,   K-Zelt fertig aufgestellt – laufend kommen bereits Po-
          lizisten zu diesem „Witterungsschutz"
07:00,   Aufbau der Inneneinrichtung (Klappsesseln) abge-
          schlossen – Zelt im Dauerbetrieb für Polizei und Pres-
          se; der spätere Landesrettungskommandant Wolff-Vo-
          tava, damals als rasender Reporter bekannt, war einer
          der ersten am Unglücksort
12:00,   die Mannschaft nahm eine Warmverpflegung ein –
          ausgefolgt von der Bezirksstelle DDr. Lauda
13:00,   Abbau des Zeltes auf Auftrag des LRK und einrücken
          zur Rettungsstation Spallartgasse.
14:00,   Abschluss der Reinigungsarbeiten und Herstellung der
          Einsatzbereitschaft – Einsatzende

Zur Tätigkeit der Bezirksstelle DDL berichtet Rainer Geist basierend auf seinen Erinnerungen damals Folgendes:

Die in der Garage des Rettungsdienstes Spallartgasse abgestellte Feldküche groß wurde zu diesem Zeitpunkt ausschließlich mit Festbrennstoff (Holzscheiten) betrieben. Aus diesem Grund wurde im Keller der Spallartgasse stets ein gewisses Kontingent an Holzscheiten gelagert. Leider habe ich kein Brennholz für die Feldküche groß vorgefunden. Es hatte bereits einen „Liebhaber" gefunden.

Nach mehreren Telefonaten mit einem zuständigen Förster des Lainzer Tiergartens konnte ich mit dem LKW von dort bereits zugeschnittenes Brennholz abholen und dann für die Befeuerung der Feldküche verwenden. Dies führte jedoch insgesamt zu einem erheblichen Zeitverlust.

Wo und wann bzw. welche Warmverpflegung dann hergestellt oder abgeholt wurde, konnte nicht mehr geklärt werden.

Es stellte sich jedoch heraus, dass, als die Feldküche mit dem fertigen Essen zur Einsatzstelle gekommen war und der LRK dies dem einsatzleitenden Polizei-Offizier bekanntgab, dieser mitteilte, dass die ersteingesetzten Polizisten bereits abgelöst wurden und die neue Mannschaft noch in den Kasernen gegessen hatte.

So wurde – bis auf freiwillig ausgeteilte Portionen, z. B. an die RK-Mannschaft etc. – das gesamte Essen an das Pflegeheim Haus der Barmherzigkeit in 1170 Wien geliefert.

Ein Sozialeinsatz anlässlich eines spektakulären Ereignisses mit unterschiedlichem Erfolg.

Der Brand des Kaufhauses Gerngross

Dieses Ereignis wurde vom WRK mit einem großen Betreuungseinsatz für die Einsatzkräfte (Feuerwehr und Polizei) zwischen dem 7. und 8. Februar 1979 begleitet. Zum Glück gab es keine Todesopfer.

Zur Lage: Die Verkaufsfläche des Kaufhauses Gerngross betrug im Jahr 1979 rund 30.000 m².

Im alten Teil des Kaufhauses wurde ein Umbau durchgeführt. Im Zuge dieser Arbeiten sollte eine alte Rolltreppe autogen abgetragen werden. Vor Beginn dieser Tätigkeit wurde leider die gesamte Brandmeldeanlage abgeschaltet.

In den Abendstunden des 7. Februar 1979 hatte ein Funkenflug im Zuge von autogenen Schneidearbeiten einen kleinen Brand verursacht, der mit den bereitgestellten Mitteln der Ersten Löschhilfe aber rasch unter Kontrolle gebracht werden konnte. Die Schneidearbeiten gingen weiter, und es fielen Funken in eine unbeachtet gebliebene Mauerspalte, in welcher sich Schmutz und Holzabrieb gesammelt hatte. Als im Zuge der Arbeiten diese Mauerspalte erweitert wurde, entstand schlagartig ein Brand, der rasch auf die Decke zwischen dem ersten und zweiten Stockwerk übergriff. Die drei Schweißer und der Aufseher versuchten zunächst allein den Brand zu bekämpfen. Als die Männer erkannten, dass sie gegen den Brand keine Chance mehr hatten, alarmierte der Portier um 22 Uhr 41 die Feuerwehr.

Zu diesem Zeitpunkt waren alle Kräfte der ersten Wahl verfügbar und deshalb konnten ein Rüstlöschfahrzeug der Nebenwache Neubau sowie ein Kommandofahrzeug, ein Rüstlöschfahrzeug, ein Universallöschfahrzeug und die Drehleiter von der Hauptfeuerwache Mariahilf zum Einsatzort beordert werden. Um 22 Uhr 46 traf das Rüstlöschfahrzeug Neubau an der Einsatzadresse ein und begann sofort mit den Löscharbeiten. Die Löschbereitschaft Mariahilf wurde von anwesenden Arbeitern in das Haus Mariahilfer Straße 44-46 eingewiesen. Es wurden sofort zwei Rohre mit der Verwendung von Atemschutzmasken gesetzt.

Da sich der Brand rasch ausbreitete, wurde vom Bereitschaftsoffizier um 22 Uhr 54 Alarmstufe 2 und gleich darauf um 22 Uhr 57, als im zweiten Stockwerk Feuerschein zu sehen war Alarmstufe 3 ausgelöst.

Die zweite Löschbereitschaft übernahm gemeinsam mit dem Rüstlöschfahrzeug Neubau den Abschnitt Kirchengasse 6. Die dritte Löschbereitschaft hatte den Auftrag, ein Ausbreiten des Brandes in Richtung Mariahilfer Straße 38-40 zu verhindern. Zu diesem Zweck waren 6 C-Rohre und drei Wendestrahlrohre in Verwendung. Außerdem wurden an beiden Fronten (Kirchengasse und Mariahilfer Straße) Großtanklöschfahrzeuge mit Wasserwerfern im Außenangriff eingesetzt.

In der Zwischenzeit (23 Uhr 9) war vom Hauptinspektionsoffizier Alarmstufe 4 ausgelöst worden und es wurden die Bewohner der Häuser Mariahilfer Straße 36 sowie 38 und 40 evakuiert.

Um 23 Uhr 37 befanden sich die unteren drei Geschosse in Vollbrand und es wurde Alarmstufe 5 ausgelöst. Einige Minuten später hatte sich der Brand über das letzte Geschoss bis auf das Dach ausgebreitet. Die vierte und fünfte Löschbereitschaft übernahm die Aufgabe, den Brand von der Rückseite des Kaufhauses aus zu bekämpfen.

Als ein im Erdgeschoss gelegener Lagerraum für Verpackungsmaterial geöffnet wurde, füllte sich der Einsatzbereiche Lindengasse schlagartig mit Qualm. Durch die Qualmbildung wurden sowohl Hausparteien als auch die im Stiegenhaus und auf dem Dach des Hauses teilweise mit Atemschutz ausgestatteten drei Löschgruppen überrascht. Die Bewohner des Hauses sowie einige Feuerwehrbeamte wurden über die Drehleitern Döbling und Zentrale in Sicherheit gebracht.

Um 23 Uhr 57 wurde Alarmstufe 6 sowie der Katastrophenalarm (Einberufung der dienstfreien Mannschaft) ausgelöst. Zur Unterstützung der Wiener Feuerwehr stellten die umliegenden Freiwilligen Feuerwehren und die Niederösterreichische Landes-Feuerwehrschule Tulln 50 Fahrzeuge mit einer Mannschaftsstärke von 196 Mann zur Verfügung. Um 1 Uhr 2 wurde vom Einsatzdirektor Alarmstufe 7 und um 1 Uhr 21 Alarmstufe 8 ausgelöst.

Von der siebten und achten Löschbereitschaft wurde die Wasserversorgung für fünf Großtankfahrzeuge aufgebaut und Löschangriffe vom Haus Lindengasse 17 vorgenommen. Trotz aller Bemühungen der sich im Innenangriff befindenden Kräfte breiteten sich die Flammen aufgrund der verwinkelten und unübersichtlichen Bauweise immer wieder aus.

Als ab etwa sechs Uhr morgens die erschöpften Kräfte von Beamten der anderen Dienstgruppen abgelöst wurden, konnte man sich nun bei Tageslicht auch einen besseren Überblick über den Umfang des Großbrandes verschaffen.

Zur Ruhe kamen die neuen Kräfte vorerst aber auch nicht. Im dritten und vierten Obergeschoss sowie im zweiten Kellergeschoss brachen erneut Flammen aus. In diesen Bereichen, die aufgrund von Bauschäden oder großen Glutflächen für die Löschkräfte nicht zugänglich waren, fanden die Flammen noch neue Nahrung.

Bis zum Abend des 8. Februars wurde an der Einsatzstelle noch mit drei Löschbereitschaften gearbeitet. Bei diesem Einsatz waren sämtliche Löschkräfte und Einsatzfahrzeuge der Wiener Berufsfeuerwehr tätig. Es waren 40 C-Rohre, fünf Wasserwerfer und sieben Wendestrahlrohre in Aktion. Für die Wasserversorgung wurden ca. 10.000 m Schlauchmaterial verwendet und 670 Mann waren abwechselnd mit 270 Pressluftatmern ausgerüstet. Obwohl sich der Brand in einem dicht besiedelten Gebiet ereignete, gab es unter der Bevölkerung keine Opfer.

(vergl. 1999–2008 – firefighter.at – Das Online-Magazin des Wiener Landesfeuerwehrverbandes)

Brand im Hotel Augarten

Am 29. September 1979 ereignete sich in dem im 2. Wiener Gemeindebezirk, in der Heinestraße 15, gelegenem Hotel Am Augarten ein Brand, der als bislang schicksalsschwerster Brand des 20. Jahrhunderts in die Geschichte einging.

Das folgenschwere Ereignis, bei dem 25 Menschen ums Leben kamen, nahm in den frühen Morgenstunden am 29. September 1979 seinen Anfang. Zu dieser Zeit befanden wir uns – Dr. Gustav Heller, NFS Rainer Geist und ich als Fahrer des Rot-Kreuz NAW RK 1 mit einem Herzinfarkt Patienten auf dem Weg von Mauerbach in Richtung KH Hietzing (vorm. KH Lainz). Nach der Patientenübergabe im Krankenhaus – zu dieser Zeit wurden die Einsätze noch mit offenem Sprechfunk abgewickelt – bemerkten wir, dass für diese Tageszeit – es war kurz nach 5 Uhr früh – ein ungewöhnlich starker Funkverkehr mit der Leitstelle aufgekommen war. Kurz nach unserer Meldung „Einsatzbereit KH Lainz" erfuhren wir, was passiert war, denn auch wir wurden zum Hotel Augarten mit der Berufungsursache Brand im Hotel disponiert. Das ersteintreffende Rettungsmittel war der Rot-Kreuz NAW RK 2 aus der naheliegenden Negerlegasse. Bei unserem Eintreffen tauchten wir in ein Blaulichtmeer ein.

Zur Lage: Um 5 Uhr 15 informierte der Informationsdienst der Polizei die Nachrichtenzentrale der Feuerwehr der Stadt Wien über einen Brand im Hotel „Am Augarten". Um 5 Uhr 16 wurden die Löschbereitschaft Leopoldstadt und das Rüstlöschfahrzeug „Brigittenau" alarmiert. Während diese Kräfte zur angegebenen Adresse unterwegs waren, liefen die Notrufleitungen der Feuerwehr heiß. Ohne nun die Rückmeldung der erstausgerückten Kräfte abzuwarten, wie dies sonst üblich war, wurde um 05 Uhr 18 Alarmstufe 2 ausgelöst. Bei der Ankunft der Löschgruppe „Brigittenau" um 05 Uhr 21 schlugen Flammen aus den Fenstern und der Eingangstür der Hotelhalle. Aus zahlreichen Fenstern, die auf die Heinestraße und Pazmanitengasse hinausgingen, schrien auf allen vier Geschosse Menschen um Hilfe. Als erste Maßnahme wurden zwei Schiebeleitern, die Drehleiter Leopoldstadt, eine Bockleiter und ein Springbalg – zum Teil mit Zivilisten besetzt – zur Menschenrettung eingesetzt, sowie ein Rohr zur Brandbekämpfung. Einige Minuten später traf die Löschbereitschaft Leopoldau ein. Unter dem Stichwort Menschen in Gefahr wurde um 5 Uhr 23 Alarmstufe 3 und die Alarmierung von insgesamt fünf Drehleitern veranlasst. Mittlerweile, nur neun Minuten nach der ersten Anzeige, wurden nach dem In-Stellung-bringen von vier Drehleitern 35 Menschen aus dem dritten und vierten Stockwerk gerettet und mit tragbaren Leitern annähernd die gleiche Anzahl aus dem ersten und zweiten Geschoss. Während der Rettungs- und Bergungsarbeiten machte der Hausbesorger des Nebenhauses das Einsatzpersonal auf einen Lichtschacht aufmerksam, der verraucht war und aus dem er Hilferufe gehört hatte. Bei der darauffolgenden Erkundung wurde festgestellt, dass man von der im Hochparterre gelegenen Hausbesorger Wohnung nach dem Wegschieben eines Kästchens durch ein Fenster in den Lichthof des Hauses Heinestraße 13 und von dort über eine etwa einen Meter hohe Mauerbrüstung in den zwei Meter tiefer gelegenen Lichthof des Brandobjektes gelangen konnte. Da es unmöglich war, eine Schiebeleiter in diesen Lichthof zu bringen, wurden Kombi- und Hakenleitern genutzt mit deren Hilfe tatsächlich noch Menschen gerettet werden konnten. Beim Vorschreiten in das Objekt wurde festgestellt, dass Personen in rauchverqualmten Gängen und in verschlossenen Zimmern der Hoffront umgekommen waren. Nach dem Aufbrechen der verschlossenen Türen wurden 21 Personen tot vorgefunden, geborgen, ins Parterre getragen und dort im Restaurant mit Leichentüchern und Decken abgedeckt. In keinem einzigen Hotelzimmer, dessen Eingangstüre bei Brandausbruch geschlossen war, war es zu einem Brand gekommen. Die Hotelgäste waren also nicht verbrannt, sondern die Opfer waren an der toxischen Wirkung des Brandrauches gestorben.

Dr. Heller, Rainer Geist und ich wurden von der Leitstelle noch gebeten, die aufgelaufenen Folgeeinsätze abzuarbeiten. Unser letzter Einsatz war ein Säureattentat im 19. Bezirk. Dann durften wir um 9 Uhr 15 in der Früh zur Ablöse einrücken (vergl. Online-Magazin des Wiener Landesfeuerwehrverbandes, 1979).

Attentat auf Stadtrat Heinz Nittel

Heinz Nittel wurde am Freitag, den 1. Mai 1981 von dem im Irak geborenen Hesham Mohammed Rajeh, im Auftrag von Bahij Younis, einem Mitglied der terroristischen Abu-Nidal-Organisation, ermordet. Nittel war ein österreichischer Politiker und Präsident der Österreichisch-Israelischen Gesellschaft sowie Mitbegründer des Jewish Welcome Service Vienna. Der Attentäter hatte vor seinem Wohnhaus in Wien-Hietzing auf ihn gelauert. Nittel wollte zum Maiaufmarsch am Rathausplatz fahren und stieg gerade in sein Auto, als ihn die gezielten Schüsse des Attentäters durch das Autofenster töteten.

Der RK-Notarzt unseres Notarztwagens „RK 1" aus Penzing konnte nur mehr den Tod Nittels feststellen. Der NAW Fahrer Helmut Schörg von der Bezirksstelle Wien-West hatte mich aufgrund der hohen Einsatzpriorität nach meinem Nachtdienst von Donnerstag auf Freitag fliegend abgelöst und fuhr zu diesem Einsatzort.

Leider konnte Heinz Nittel aufgrund der schweren Schussverletzung nicht mehr gerettet werden. Am 29. August verübte Rajeh mit anderen Terroristen den Überfall auf den jüdischen Tempel in der Seitenstettengasse.

Terrorüberfall auf den
jüdischen Tempel

Am 29. August 1981 erlebte einer unserer Notarztwägen einen besonders dramatischen Einsatz. Das ersteintreffende Rettungsmittel war der Notarztwagen mit dem Rufnamen „RK2" von der Rot-Kreuz-Bezirksstelle DDr. Lauda. Die Bezirksstelle DDr. Lauda mit dem dort stationierten NAW befand sich in unmittelbarer Nähe des Berufungsortes in der Negerlegasse im 2. Wiener Gemeindebezirk (heute der Standort der Bezirksstelle Bertha von Suttner). Mit dem hauptamtlichen Fahrer Herbert Prager war der „RK2" innerhalb von wenigen Minuten am Einsatzort. Die Wagenbesatzung leitete als erstes eintreffendes Rettungsmittel alle erforderlichen Maßnahmen ein.

Zwei Männer wollten den Stadttempel stürmen, während Gläubige am Sabbat Bar-Mizwah feierten. Bei dem Attentat, das von zwei Anhängern der palästinensischen Extremistengruppe Fatah Revolutionärer Rat des Terroristen Abu Nidal verübt wurde, kamen zwei Menschen ums Leben und 21 wurden teilweise schwer verletzt. Einer der beiden Männer hatte auch den Anschlag auf den damaligen Präsidenten der Österreich-israelischen Gesellschaft, Stadtrat Heinz Nittel, verübt (darüber wird in diesem Buch gesondert berichtet).

Dass bei dem Anschlag nicht mehr Menschen ums Leben kamen, ist wohl hauptsächlich den Polizeibeamten, die die Feier sicherten, zu verdanken. Als die zwei Terroristen wild schießend das Gebetshaus stürmen wollten, standen die beiden Sicherheitskräfte direkt an den Eingangstoren und konnten diese verriegeln, noch bevor die zwei Attentäter eindringen konnten.

Der anwesende Leibwächter des österreichischen Industriellen Leopold Böhm, der sich gegenüber des Synagogeneingangs aufgehalten hatte, setzte den Terroristen, Marwan Hassan durch einen Bauchschuss außer Gefecht.

Der zweite Terrorist, Hussham Raji, konnte zunächst fliehen, feuerte bei einer wilden Verfolgungsjagd durch die Wiener

Innenstadt wahllos auf Passanten und schleuderte Handgrana-
ten auf Polizeifahrzeuge.

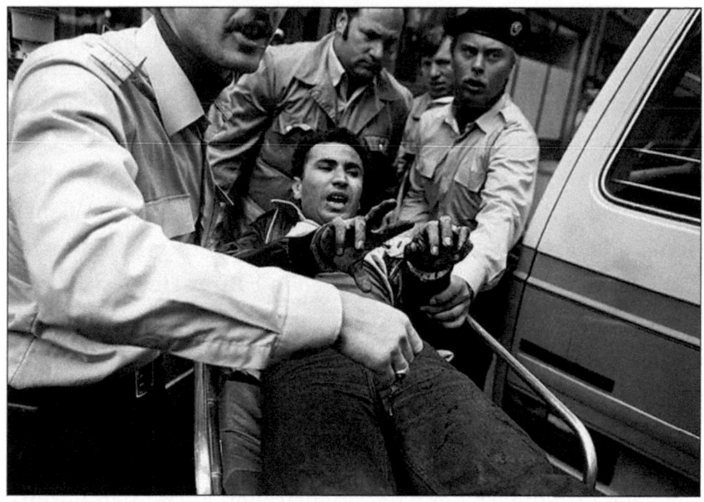

Aufgrund der Schießerei bei der Synagoge, bei der auch Hand-
granaten zum Einsatz kamen, wurde eine Frau, die sich auf einen Kinderwagen warf, um ihr Baby zu schützen, sowie ein
älterer Herr getötet. Beide hatten zuvor eine andere Synagoge im 1. Bezirk besucht. 21 weitere Personen wurden zum Teil
schwer verletzt.

EINSÄTZE IM AUSLAND

Erdbebeneinsatz in Skopje/Mazedonien

Im Gespräch mit Ignaz (Teddy) Adamek vom RK Landesverband Wien – er war vor Ort im Einsatz– habe ich von diesem verheerenden Ereignis erfahren. Es war der erste Auslandseinsatz des jungen LV Wien.

Mittels Bahnverladung wurde unser mit Hilfsgütern beladener LKW Steyr 380 nach Skopje transportiert, um vor Ort dann mit Rot-Kreuz Mitarbeitern den Transportbedarf abzudecken.

Zur Lage im Katastrophengebiet: Am 26. Juli 1963 um 05 Uhr 17 Ortszeit erschütterte ein Erdbeben die Region um Skopje in Mazedonien, welches damals eine Teilrepublik des kommunistischen Jugoslawiens war. Das Epizentrum befand sich in der unmittelbaren Umgebung der Hauptstadt, die damals als drittgrößte Stadt Jugoslawiens etwa 312.000 Einwohner zählte. 1070 Personen kamen bei dem verheerenden Erdbeben ums Leben und weitere 3.300 wurden verletzt. Nahezu die ganze Altstadt von Skopje wurde dem Erdboden gleich gemacht und auch öffentliche Gebäude, Schulen und Spitäler erlitten schwere Schäden. Etwa 75 % der Bevölkerung verlor binnen Sekunden ihr Zuhause. Nur 20 % der Gebäude waren frei von starken Schäden. Die Intensität des Erdbebens betrug im Epizentrum 9 Grad auf der zwölfstufigen Makroseismischen Skala.

Die Erschütterungen war in ganz Mazedonien sowie in angrenzenden Nachbarländern spürbar, insgesamt in einem Bereich von 180.000 km². Es entstand ein Sachschaden von über einer Milliarde US-Dollar. Skopje wurde in den darauffolgenden Jahren wiederaufgebaut, unter anderem auch mit internationaler RK-Hilfe.

*Obwohl das Gebiet für seine zerstörerischen Erdbeben be-
kannt war, wurde darauf in der Stadtplanung nie Rück-
sicht genommen. Erst im Jahre 1964, nach diesem verheerenden Erdbeben, wurde im Zuge der internationalen
Hilfe eine seismische Zonenkarte erstellt. Bericht eines
Augenzeugen: „Der Tag vor dem Erdbeben war ein ganz
gewöhnlicher Tag: Schule, Kinderspiele und Abendessen
mit meinen Eltern. Ich war acht Jahre alt. Meine Eltern
gingen früh zur Arbeit. Das Erdbeben weckte mich auf
und ich dachte an meine Schwester, lief schnell wieder
die Treppen hoch nahm meine einjährige Schwester und
lief vor das Gebäude. Alle Nachbarn waren da. Sie trugen
Pyjamas oder nur Unterhosen. Das Bild war schrecklich.
Das Gebäude, in dem ich gewohnt hatte, war nicht mehr
da. Es waren nur Reste. Man hörte Leute schreien, weinen
und nach Namen rufen. Man hörte viele Namen. Ich habe
meine Mutter verloren. Sie war eine von den 1000 Menschen, die ihr Leben verloren."*

Hochwasser-Einsatz Florenz Italien

Silvio Crosina, damals ehrenamtlicher Mitarbeiter der Bezirksstelle West mit italienischen Wurzeln, zuletzt Bereitschaftskommandant und später Priester, nahm damals an diesem dramatischen Einsatz teil.

Die Überschwemmung in Florenz 1966 war eine der größten Hochwasserkatastrophen in der Geschichte der Stadt sowie ganz Italiens und übertraf sämtliche Hochwassermarken der vergangenen Jahrhunderte.

Nach intensiven Regenfällen im Oktober 1966 verstärkten sich die Niederschläge erneut am 2. November und erreichten ihren Höhepunkt in der Nacht von 3. auf 4. November. Man rechnet damit, dass sich etwa 45 bis 50 Millionen Kubikmeter Wasser über die Stadt ergossen. Zeitgleich kam es auch im Ostalpenraum zu Jahrhunderthochwassern. Die Schlammmassen, die mit dem Fluss Arno in der Innenstadt von Florenz angeschwemmt wurden, beschädigten zahlreiche Kunstschätze, von denen viele auf die Zeit der Renaissance zurückgingen.

Über die Zahl der Todesopfer herrschte lange Zeit Unklarheit, da die entsprechenden Angaben von den Behörden unter Verschluss gehalten wurden. Um die Jahrtausendwende wurde jedoch von einer städtischen Vereinigung unter dem Vorsitz des Journalisten Franco Mariani ein Dokument der Präfektur veröffentlicht, laut dem 34 Menschen, davon 17 in der Stadt Florenz und 17 in den umliegenden Gemeinden, bei der Überschwemmung verstorben waren.

Die Beseitigung der mit ausgelaufenem Heizöl verunreinigten Trümmer und des Unrats erforderte wochenlange Aufräumarbeiten. Dazu meldeten sich aus Italien und dem Ausland zahlreiche Freiwillige, die Angeli del Fango (Engel des Schlamms) genannt wurden. In den USA wurde ein Ausschuss zur Rettung italienischer Kunst (CRIA, Committee for the Rescue of Italian

Art) unter dem Vorsitz von Ted und Jacqueline Kennedy sowie unter der Mitarbeit des bekannten Kunsthistorikers Millard Meiss gegründet (vgl. Sil National Library manuscripts being washed in Florence after the 1966 flood of the Arno).

Erdbebeneinsatz in Friaul/Italien

Hier waren über Monate Mitarbeiter des Landesverbandes im Rahmen von Hilfslieferungen und der Wiederherstellung der Infrastruktur im Einsatz. Auch der LKW-Marke Steyr 480 des Landesverbandes war immer wieder vor Ort. Zwischen den RK-Kollegen Ignaz Adamek und Heinz Götz entwickelte sich in weiterer Folge eine jahrelange Freundschaft mit den italienischen Einsatzkräften und der Bevölkerung. Ignaz Adamek und Heinz Götz berichteten mir von diesen dramatischen Wochen. Ignaz (Teddy) Adamek war damals fünf Wochen mit unserer Feldküche vor Ort und kochte täglich für 500 Personen.

Zur Lage: Am 6. Mai 1976 erschütterte um 20 Uhr 59 ein Erdbeben eine Minute lang die italienische Region Friaul-Julisch Venetien. Das Epizentrum des Bebens lag nördlich von Udine am Monte San Simeone in den Gemeinden Trasaghis und Bordano. Die Gemeinden im Kanaltal (Val Canale) und am Tagliamento um Tolmezzo sowie die Gegend um Gemona, Venzone und Osoppo wurden am schwersten getroffen. Insgesamt kamen bei der Katastrophe 989 Menschen ums Leben.

Auf der Mercalli-Skala wird die Intensität des Bebens als 10 eingestuft. Die Erdstöße waren in ganz Norditalien und den angrenzenden Gebieten Sloweniens wie auch Österreichs zu spüren (vor allem im Gailtal). Auch in Bayern wurden aufgrund des Erdbebens Bodenbewegungen gemeldet.

Etwa 80.000 Menschen in 77 Gemeinden waren von den Erd-beben-Zerstörungen betroffen und 45.000 Menschen verloren ihre Häuser beziehungsweise Wohnungen. Gemona und die Nachbargemeinden Venzone und Osoppo wurden schwer zer-stört. Das rechte Seitenschiff und der Campanile des berühm-ten Dom Santa Maria Assunta (Heilige Maria Himmelfahrt) stürzten ein. Im Dom stehen heute die Säulen etwas schief, die so auch nach dem Wiederaufbau an das Erdbeben erinnern. Der Dom von Venzone wurde völlig zerstört.

Im Herbst desselben Jahres kam es in der Region zu weiteren schweren Erdbeben. Am 11. September 1976 ereigneten sich zwei Erdstöße, einer um 18 Uhr 31 und ein weiterer um 18 Uhr 40 mit einer Intensität von 7,5 und 8. Auch am 15. September 1976 bebte um zirka 5 Uhr die Erde und um 11 Uhr 30 kam es zu einem Nachbeben. Dieses Beben erreichte eine Intensität von mehr als 10 auf der Mercalli-Skala. Dabei wurden viele Ge-bäude komplett zerstört, die am 6. Mai bereits beschädigt wor-den waren und weitere 30.000 Menschen wurden obdachlos.

Vom italienischen Staat wurde zuerst Geld für den Wiederaufbau der Industrie zur Verfügung gestellt, um die Abwanderung bzw. Auswanderung der Bevölkerung in andere Länder aus der zuvor schon von einem Arbeitsplatzmangel betroffenen Zone einzuschränken. Spenden für den Wiederaufbau von Häusern kamen auch aus anderen Ländern, wie z. B. aus Österreich. Auch der Dom von Gemona und der Dom von Venzone wurden wie andere zerstörte Kirchen wiederaufgebaut.

Hilfseinsatz im Balkankrieg/
jugoslawische Reststaaten

Der Balkankonflikt, der im Jahre 1991 begann und sich aus einem Nationalitätenkonflikt letztlich zu einem Bürgerkrieg entwickelte, erreichte mit der Bombardierung von Belgrad durch die NATO im Jahre 1999 seinen Höhepunkt. In diesen Jahren waren Mitarbeiter des Wiener Landesverbandes vom RK an verschiedenen Orten im Raum Wiens bei der Betreuung von Flüchtlingen rund um die Uhr im Einsatz. Von der Stadtverwaltung wurden Unterkünfte, z. B. die Rundturnhalle Liebelgasse im 22. Bezirk, ein großes Wohnhaus in der Johannagasse im 5. Bezirk, oder ein ehemaliges Kinderheim in Pötzleinsdorf und vieles mehr auf Initiative des damaligen LRK Wolff-Votava zur Verfügung gestellt. Außerdem stand dem WRK das zwischenzeitlich aufgelassen Mautner-Markhof Kinderspital in der Baumgasse im 3. Bezirk als Flüchtlingsunterkunft zur Verfügung. Diese Einrichtung wurde von Renate Rieger verantwortungsbewusst geleitet. Für das Haus Johannagasse im 5. Wiener Gemeindebezirk war damals Traude Bayer leitend verantwortlich. Sie war, wie Renate Rieger, konstant dort tätig und kannte alle Bewohner samt Familie und ihre Neigungen. Sie waren die „Mütter" dieser Häuser.

Dazu darf eine rührende Geschichte aus dieser Zeit nicht verschwiegen werden.

Traude Bayer war viele Jahre später bei einem Familienfest in einem Restaurant im 3. Wiener Gemeindebezirk. Dort kellnerte ein junger Mann. Irgendwann fragte er Traude: „Sind sie die Frau Bayer?" Traude wusste sofort wer er war, denn er lebte als bosnisches Flüchtlingskind im Flüchtlingsheim in der Johannagasse. Sie hatte dem Kind damals eine Spielzeugpistole weggenommen und dafür einen Teddybären geschenkt. Diesen Teddybären hatte der Kellner in der Zwischenzeit stolz an seinen Sohn weitergegeben.

Es wurden auch Mitarbeiter des WRK im Auftrag des ÖRK in die Krisenregionen – vorwiegend Albanien – geschickt. Die abenteuerliche Anreise erfolgte mit „Iljuschin" Transportflugzeugen und russischen Piloten. Von Tirana wurden die Rot-Kreuz Mitglieder unter Militärschutz weiter nach Shkodra gebracht, um dort ein Flüchtlingscamp zu betreuen. Oberster und wichtigster Grundsatz war immer Unparteilichkeit verbunden mit stiller Diplomatie.

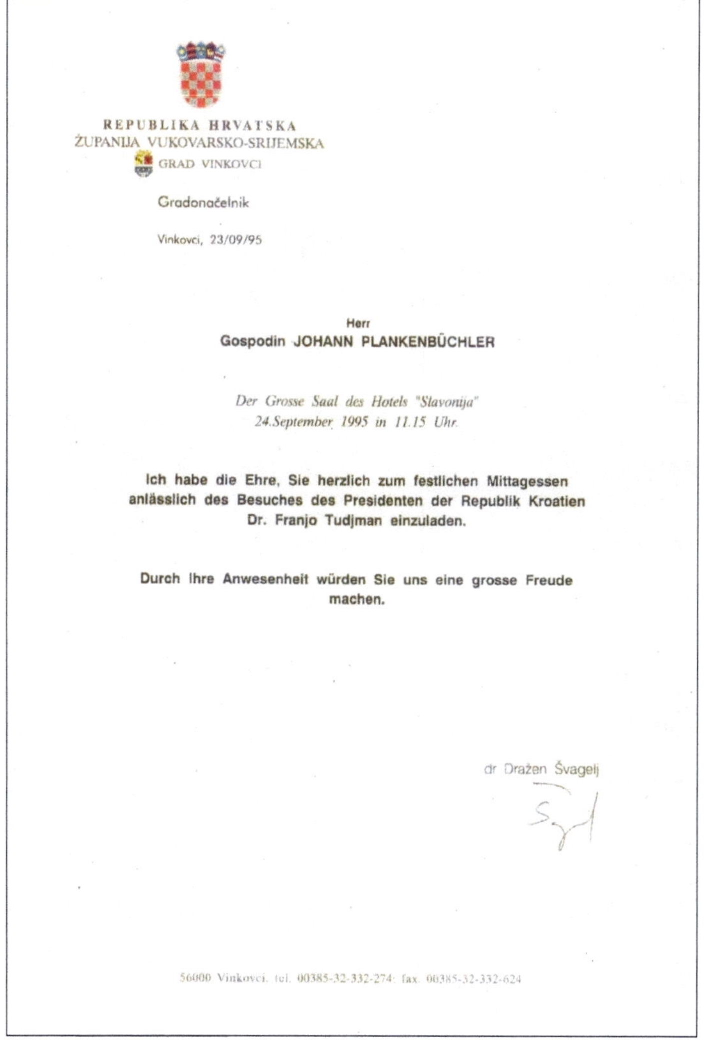

REPUBLIKA HRVATSKA
ŽUPANIJA VUKOVARSKO-SRIJEMSKA
GRAD VINKOVCI

Gradonačelnik

Vinkovci, 23/09/95

Herr
Gospodin JOHANN PLANKENBÜCHLER

Der Grosse Saal des Hotels "Slavonija"
24.September 1995 in 11.15 Uhr.

Ich habe die Ehre, Sie herzlich zum festlichen Mittagessen anlässlich des Besuches des Presidenten der Republik Kroatien Dr. Franjo Tudjman einzuladen.

Durch Ihre Anwesenheit würden Sie uns eine grosse Freude machen.

dr Dražen Švagelj

56000 Vinkovci, tel. 00385-32-332-274; fax. 00385-32-332-624

157

HRVATSKI CRVENI KRIŽ
Općinska organizacija Donja Stubica

REPUBLIKA HRVATSKA
Skupština općine Donja Stubica

U SLUŽBI HUMANOSTI OD 1878.

PISMO ZAHVALE

Gemeinderat Johann Plankenbüchler

Stepan Ómaz

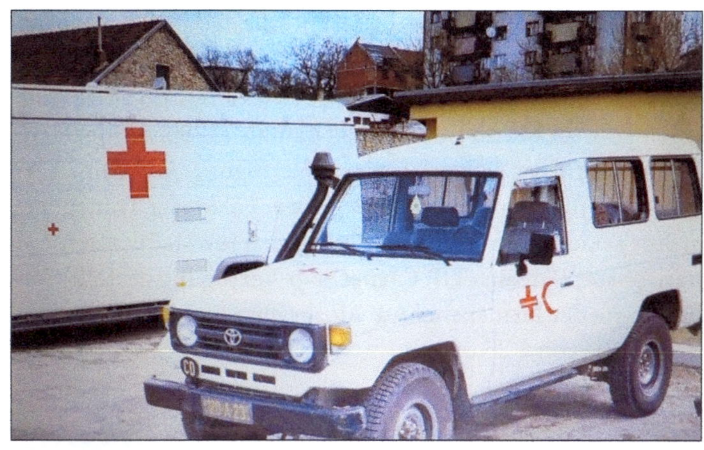

Hilfsgüter wie Medikamente, Hygiene-Artikel, Babynahrung etc. wurden auch über den Landweg nach Duress in Albanien und direkt in den Kosovo transportiert. Das war meine Aufgabe. Für diese Transporte wurden von MAN in St. Pölten Sattelzugmaschinen und von der Fa. Transporte Müller Sattelaufleger zur Verfügung gestellt.

Beladen wurden sie im damaligen ÖRK Praterlager in der Krieau und mit Unterstützung von Mario Gruss bei der Fa. Danzas
in Simmering wurde die Speditionsabwicklung und Verzollung
durchgeführt. Mario Gruss stand damals als Speditionsfach-
mann laufend bei Zollverfahren zur Verfügung. Auf meine Ver-
anlassung hin wurde dem ÖRK von der Fa. Moser Transporte
in Stockerau neben Kühl Sattelauflegern für Medikamenten-
transporte auch ein „TIR Carnet" zur Verfügung gestellt. Dafür bürgte der Firmenchef Adi Moser mit einer Kaution in der
einer Höhe von $ 25.000.

Diese Kaution wäre fällig geworden, wenn die vom RK trans-
portierte Ware auf dem Weg von Österreich in den Kosovo im
freien Warenverkehr verschwunden wäre. Dafür, dass das nicht
geschieht, habe ich unterwegs gesorgt. Ich habe den Sattelzug
nicht aus den Augen gelassen und in der Kabine gewohnt. Auch
die Wirtschaft und vor allem die Transportwirtschaft leistete
einen wesentlichen Beitrag zu der Hilfe am Balkan.

Das WRK verfügte damals noch nicht über das entsprechende Transport-Know-How, das zur Belieferung dieser Gebiete notwendig war. Badh Barisha, ein Österreicher mit kosovarischen Wurzeln, der als Diplomkrankenpfleger in der Rudolfsstiftung tätig war, wurde mir als Dolmetscher bei dem Transport zur Seite gestellt. Badh Barisha begleitete den Transport auf der Anreise (Ungarn-Rumänien-Bulgarien-Mazedonien und vom Süden in den Kosovo) und flog dann von Pristina/Kosovo wieder nach Wien. Für die Heimfahrt mit dem leeren Sattelzug wurde von mir die bessere Route vom Kosovo kommend über Montenegro sowie Kroatien und dann über Slowenien gewählt.

Um die Durchführung dieses Einsatzes zu ermöglichen, erreichte am 7. Mai 1999 folgender Brief die Schoellerbank in Wien:

„Herrn
Dipl.-Ing. Siegfried Graf
Personalabteilung – Leitung
Schoellerbank AG
Renngasse 1
1010 Wien
Dienstfreistellung für Rot-Kreuz Einsatz

Sehr geehrter Herr DI Graf,
Wie Ihnen bereits telefonisch mitgeteilt wurde, benötigen
wir Herrn Johann Plankenbüchler im Rahmen der zurzeit
laufenden Rot-Kreuz Einsätze in Zusammenhang mit der
aktuellen Krise im Kosovo.
Wir ersuchen um Dienstbefreiung ab 25.5.1999 bis ein-
schließlich 4.6.1999.
Herr Plankenbüchler wird wieder im Transportwesen
zum Einsatz kommen.
Ziel: Durres/Albanien
Darüber hinaus schließen wir einen weiteren Bedarf nicht
aus und dürfen dann wieder auf Sie zukommen.
Mit freundlichen Grüßen

Peter Hoffelner   *Mag. Gerry Foitik*
Bereichsleiter   *Stv. Bereichsleiter*
Katastrophenhilfe   *Katastrophenhilfe"*

Dieses Ansuchen wurde im Auftrag des Bankenvorstandes von
der Personalabteilung mit folgendem Zusatz bewilligt:

„Unser Mitarbeiter Johann Plankenbüchler wird dienst-
frei gestellt. Sein Gehalt für diese Zeit aber weiterbezahlt.
Seine Gehaltsweiterzahlung ist als Spende an das Rote
Kreuz zu betrachten."

Armenien Einsatz

Nun folgt ein Bericht von Ignaz (Teddy) Adamek, der 1960 seine Tätigkeit beim RK begann. Teddy trat noch dem Landesverband Wien/NÖ kurz vor der Trennung bei und führte im Laufe seiner Zeit beim RK die meisten nationalen und internationalen Hilfs- u. Katastropheneinsätze durch.

Zur Lage: Mit der Auflösung der Sowjetunion 1991 erlangte Armenien seine Unabhängigkeit. In der Folge kam es zu einem bewaffneten Konflikt mit Aserbaidschan um die Region Berg-Karabach.

Dieses Gebiet gehörte zu Aserbaidschan, wurde aber überwiegend von Armeniern bewohnt. Ausgelöst durch den Zerfall der Sowjet-Union 1991 fielen dem Krieg von 1992 bis 1994 etwa 20.000 Menschen zum Opfer. Rund eine Million Flüchtlinge und Vertriebene mussten ihre Heimat verlassen und Berg-Karabach befand sich unter armenischer Kontrolle. Der Krieg von 2020 führte zu einer drastischen Veränderung des seit Jahrzehnten bestehenden Status quo im Südkaukasus. In den ethno-territorialer Konflikt kam es zu deutlichen aserbaidschanischen Landgewinnen.

Aufgrund des verheerenden Erdbebens 1988, dem Krieg mit Aserbaidschan und einer Unterbrechung der Energieversorgung in den 90er Jahren erlebte Armenien einen Zusammenbruch seiner Industrieproduktion. Wegen der geschlossenen Grenzen zu Aserbaidschan und der Türkei befindet sich die Wirtschaft des Landes bis heute in einer sehr schwierigen Situation.

Das ÖRK und armenische Rote Kreuz verbindet seit dem Erdbeben von 1988 eine stetige Partnerschaft, die sich in den letzten Jahren allerdings auf anlassbezogene Einzelprojekte beschränkt hat. Nunmehr bildet der Kapazitäten-Aufbau im Gesundheits- und Sozialbereich sowie im Katastrophenschutz den Ausgangspunkt für eine langfristige bilaterale Zusammenarbeit. Im Anschluss an das verheerende Erdbeben wurde Adamek nach Armenien kommandiert. Sein Mitarbeiter in der Kochgruppe,

Peter (Susi) Hofellner – jetzt Vizepräsident des WRK – hatte damals auf Grund einer beruflichen Weiterbildung im St. Anna Kinderspital keine Zeit für diesen Einsatz. Adamek berichtet, dass er ein Monat vor Ort war und für die Bevölkerung kochte. In dieser Zeit war auch das Bundesländerprojekt angelaufen. Jedes Bundesland spendete den Erdbebengeschädigten damals ein Haus. So konnte der betroffenen Bevölkerung durch die Mitarbeit des WRK (und vor allem Adameks) geholfen werden.

Flüchtlingshilfe Jerewan

Mit Unterstützung des ÖRK wird derzeit die soziale und medizinische Betreuung von älteren Flüchtlingen in zwei Heimen in der Hauptstadt Jerewan sichergestellt.

Das Projekt umfasst eine Nothilfe in Form von Lebensmittel- und Hygienepaketen und psychosozialer Unterstützung, die von Freiwilligen des armenischen RK zur Verfügung gestellt wird. Zusätzlich werden in den Wintermonaten besonders bedürftige Menschen mit Heizmaterial unterstützt.

22.000 syrisch-armenische Flüchtlinge sind seit Beginn der Syrien Krise 2011 nach Armenien geflohen. Das mag nach wenig klingen, doch Armenien ist damit das Land mit der dritthöchsten Anzahl an Flüchtlingen pro Kopf in einem europäischen Vergleich. Außerdem werden große Herausforderungen offensichtlich, wenn man Armeniens soziale und wirtschaftliche Situation mit europäischen Ländern vergleicht.

Das ÖRK begleitet daher das armenische Rote Kreuz seit 2013. Nach anfänglicher humanitärer Hilfe wie zum Beispiel der Verteilung von Essenspaketen gefördert von Nachbar in Not, geht es momentan um individuelle Unterstützung wie der Förderung der selbstständigen Verwaltung. Die großen Herausforderungen, an denen derzeit gemeinsam mit Partnern vor Ort gearbeitet wird, sind der Zugang zu leistbarem Wohnraum, Arbeitsplätze und der Arbeitsmarkt sowie der Zugang zu Gesundheitsversorgung und sozialen Diensten.

Hochwasserkatastrophe in Rumänien

Am 18. Juli 2005 erhielt ich über das ÖRK vom Landesverband Wien den Auftrag mit unserem LKW ihm Rahmen eines Einsatz nach Rumänien zu fahren. Dazu konnte ich Werner Hengstberger als zweiten Fahrer gewinnen. In einem gemeinsamen Konvoi mit dem LV Burgenland, bestehend aus den Kameraden Mario Schmölzer und Gerhard Neubauer, und dem LV Niederösterreich, bestehend aus Gottfried Wagner und Josef Schramböck, sollte das burgenländische Team nach Bacau und das Wiener und niederösterreichische Team zum Rot-Kreuz Lager in Bukarest fahren. 2005 war das ÖRK Lager noch im Prater angesiedelt, wo unser LKW auch beladen wurde. Beide Landesverbände ersuchten uns, die Führung des Hilfskonvois zu übernehmen.

Der NÖ-LKW wurde im Lager Mödling und der burgenländische LKW in Eisenstadt beladen. Nach einem kurzen Briefing von Jürgen Högl musste ich im Funkhaus noch ein Interview für Radio Niederösterreich geben. Für ein Fernsehinterview stand

Werner Hengstberger im Praterlager zur Verfügung. Nach der Beladung lenkte ich den LKW zur notwendigen Verzollung zur Spedition Kühne & Nagel in den 11. Bezirk. Die Speditionsmitarbeiter kannte ich noch von meinen Einsätzen am Balkan. Es wurde alles schnell abgewickelt und mit einer Zollplombe versehen. Trotzdem wurde die Abfahrt leider auf unbestimmte Zeit verzögert, denn die vor Ort anwesenden ÖRK Mitarbeiter berichteten, dass es Zollprobleme beim rumänischen RK gab. Die Zollabwicklung am Bestimmungsort konnte bis zu drei Tage dauern. Aufgrund dieser Tatsache wurde seitens Jürgen Högl vom ÖRK eine Vorlaufzeit von vier Stunden für die Fahrbereitschaft angeordnet. Das Team NÖ rückte mit dem LKW nach Mödling ein und gemäß Rücksprache mit Rainer Geist, Jürgen Högl und Thomas Seltsam rückte ich mit dem verzollten LKW an meinen Wohnort in 2122 Ulrichskirchen ab, um dort in Bereitschaft zu bleiben. Der Fahrbefehl wurde am 22. Juli 2021 um 15 Uhr erteilt. Der Treffpunkt mit den niederösterreichischen und burgenländischen Kollegen war die Raststätte Göttlesbrunn (A4). Nach dem Briefing der Kollegen fuhren wir Richtung Katastrophengebiet ab:

» 22.7.2005/18:00 Uhr: an der österreichisch-ungarischen Grenze
» 23.7.2005/00:10 Uhr: an der ungarisch-rumänischen Grenze (eine Stunde Zeitdifferenz)

Von der Grenze in Arad ging es einsatzmäßig mit Polizeieskorte weiter in Richtung der Bestimmungsorte in Bacau und Bukarest. In Sibiu trennte sich die burgenländische Einheit von uns und setzte ihre Fahrt nach Bacau allein fort.

Unser Konvoi traf am Samstag, den 23. Juli 2005 um 18 Uhr beim Zollparkplatz in Bukarest ein, aber das Zollamt war geschlossen und öffnete erst um 9 Uhr am 25. Juli wieder.

24.7.2005/10:00 Uhr: Ich versuche mit Frau Roxana Paraschiv vom rumänischen Roten Kreuz Kontakt aufzunehmen. Wir werden informiert, dass sich Frau Paraschiv und Herr Gerald Czech vom ÖRK im nördlichen Bacau befinden. Sie werden abends in Bukarest eintreffen und mit mir Kontakt aufnehmen.

25.7.2005/08:30 Uhr: Gemäß Telefonat mit Gerald Czech und Roxana Paraschiv sollte eine Rot-Kreuz Mitarbeiterin bereits anwesend sein und mit unserer Einheit Kontakt aufnehmen. Es gab keine Kontaktaufnahme.

Um keine Zeit zu verlieren, erteile ich den Auftrag zum Zollbüro zu fahren. Es wird mit der Zollbeschau begonnen.

25.7.2005/16:30 Uhr: Die Zollbeschau wird beendet und wir fahren zu dem Lager des rumänischen RK ab. Die Ladung, bestehend aus Hilfsgütern wird gelöscht.

25.7.2005/23:00 Uhr: Am vereinbarten Treffpunkt (OMV Timisoara Blvd.) in Bukarest ist unser Konvoi für die Heimfahrt nach Österreich aufgestellt.

26.7.2005/09:15 Uhr: Grenze RO/H; Die Grenzabfertigung in Rumänien verläuft problemlos. Leider gibt es auf ungarischer Seite noch keine LKW-Leerspurabfertigung und es kommt zu einer längeren Wartezeit.

26.7.2005/16:00 Uhr: Nach einem kurzen Grenzaufenthalt an der Grenze H/A und einer Abschlussbesprechung in der Raststation Nickelsdorf trennen wir uns und treten die Heimreise an.

Die größte Herausforderung des Einsatzes war die administrative Abwicklung und nicht das Hochwasser.

Hochwasser Einsatz Burgenland 1965

Von 21. bis 23. April 1965 verursachte eine Hochwasserkatastrophe, wie sie schon seit langer Zeit nicht mehr verzeichnet worden war, in allen Teilen des Burgenlandes verheerende Schäden. Das WRK war damals noch nicht einmal 4 Jahre alt und wurde in das Burgenland gerufen. Als der Einsatzbefehl für den Hochwassereinsatz um 5 Uhr morgens am 22. April 1965 gegeben wurde, hatte ich gerade Nachtdienst im Krankentransport im 14. Bezirk in der Spallartgasse. Es war ein Donnerstag und ich meldete mich spontan zum Einsatz, in der Hoffnung meinen Arbeitgeber vom Einsatzort über dieses Ereignis in Kenntnis setzen zu können und Urlaub zu erhalten. Leider waren aber die Telefonverbindungen vielerorts unterbrochen, was mir eine Meldung bei meinem Dienstgeber unmöglich machte. Ich konnte meinen Dienstgeber erst nach meiner Rückkehr vom Einsatz kontaktieren und von der Situation berichten. Nach einer formellen Verwarnung wurde diese „Verfehlung" von meinem Vorgesetzten ohne disziplinäre Maßnahmen akzeptiert.

Zur Lage: Die Straßen waren unpassierbar und teilweise zerstört. Brücken wurden weggespült.

Im Einsatz war eine Pioniereinheit des ÖBH mit 230 Mann. Gemeinsam mit den Feuerwehren war es unsere Aufgabe an der Evakuierung der Bevölkerung vor allem in bedrohten Siedlungen mitzuarbeiten. Häuser wurden teilweise von den Wassermassen mitgerissen und die verängstigen Bewohner mussten ihr Hab und Gut zurücklassen. Der Wasserstand der Wulka und der Leitha erreichte teilweise eine Höhe von 4,5 m. Wir konnten uns im Zuge unserer Arbeit nur mit den bereitgestellten Zillen fortbewegen. Durch Erdrutsche wurden auch Minen aus dem kommunistischen Ungarn auf österreichisches Hoheitsgebiet geschwemmt und ungarische Grenzorgane begannen mit der Beseitigung der freigelegten und angeschwemmten Minen.

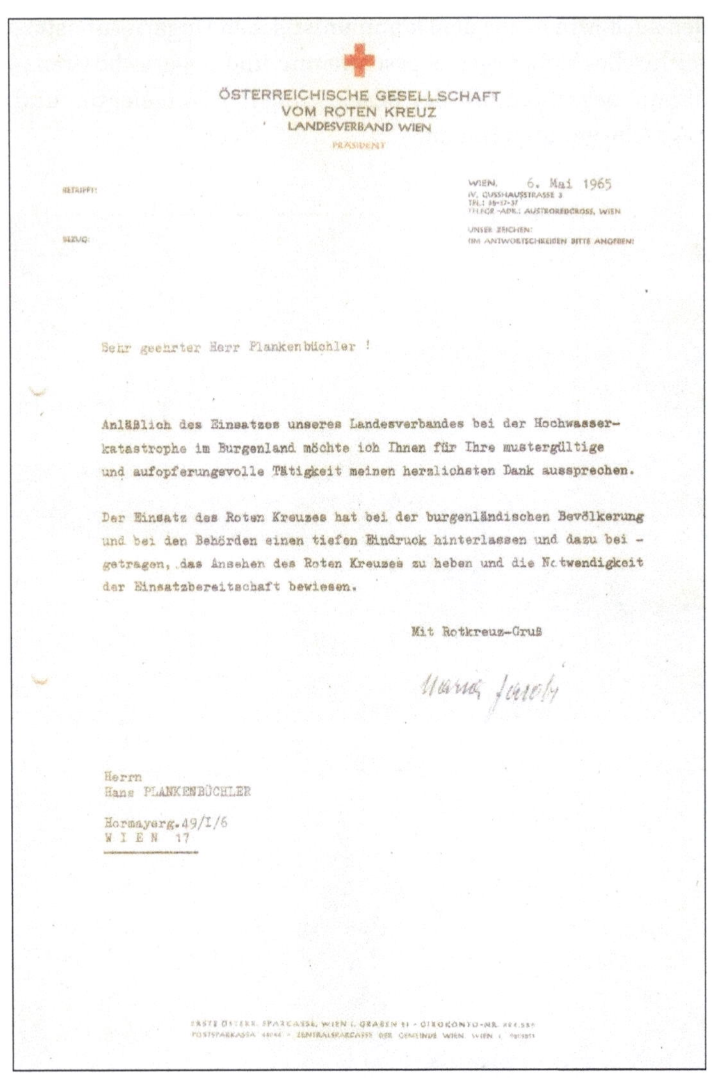

Sehr geehrter Herr Plankenbüchler !

Anläßlich des Einsatzes unseres Landesverbandes bei der Hochwasserkatastrophe im Burgenland möchte ich Ihnen für Ihre mustergültige
und aufopferungsvolle Tätigkeit meinen herzlichsten Dank aussprechen.

Der Einsatz des Roten Kreuzes hat bei der burgenländischen Bevölkerung
und bei den Behörden einen tiefen Eindruck hinterlassen und dazu bei-
getragen, das Ansehen des Roten Kreuzes zu heben und die Notwendigkeit
der Einsatzbereitschaft bewiesen.

Mit Rotkreuz-Gruß

Herrn
Hans PLANKENBÜCHLER

Hormayerg.49/I/6
W I E N   17

Das WRK hatte die Versorgung der evakuierten Familien übernommen Weitere Bundesheerangehörige aus Baden wurden zur
Sicherung von Personen und Gütern in Leithaprodersdorf eingesetzt. Unser Einsatzort war Wulkaprodersdorf. Tiefliegende
Objekte neben der Leitha mussten evakuiert werden, die Brü-

cke zwischen Deutsch-Brodersdorf und Leithaprodersdorf wurde wegen Einsturzgefahr gesperrt und der Kirchenplatz und die Hauptstraße von Leithaprodersdorf waren überflutet. In Neufeld a. d. Leitha musste die Straße nach Ebenfurth gesperrt werden und auf der Strecke rund um Wulkaprodersdorf wurde der Eisenbahnverkehr eingestellt.

An der Spitze dieses für den LV Wien herausfordernden Einsatzes stand damals der Landesgeschäftsleiter Alfred Spanner, mit einem VW Käfer als Kommando KFZ. Dieses KFZ gab aufgrund der Witterung den Geist auf und wurde von unserem LKW-Marke Steyr 380 abgeschleppt. Im Stress hatten wir aber vergessen, dass wir den Landesgeschäftsleiter in seinem VW-Käfer sitzend am Abschleppseil hatten. Er dürfte Todesängste ausgestanden haben. Was uns Landesgeschäftsleiter Spanner dann gesagt hat, darüber schweigt die Geschichte.

Prager Frühling 1968

Die Betreuung und Versorgung der in Wien gestrandeten Tschechoslowakischen Staatsbürger stellte damals den jungen Landesverband vom RK vor große Herausforderungen. Eine Vielzahl von hauptamtlichen und ehrenamtlichen RK-Mitarbeitern betreuten in den von der Stadtverwaltung zur Verfügung gestellten Quartieren die betroffenen Menschen. Aufgrund dieses Einsatzes empfand die tschechoslowakische Bevölkerung noch Jahre danach große Dankbarkeit.

Wie alles begann: Die Stimmung in der Bevölkerung war damals überwiegend von einer „Zustimmung zum Sozialismus, allerdings nur zu einem reformierten, demokratischen" geprägt, (Vgl. Mlynar Zdenek, Erfahrungen auf dem Weg vom realen zum menschlichen Sozialismus, Europäische Verlagsanstalt, 1978). eine „Abschaffung des Sozialismus" wurde nicht gefordert. Bei einer Umfrage im Juli 1968 sprachen sich 89 % der tschechoslowakischen Bevölkerung für eine Beibehaltung des Sozialismus aus. Lediglich 7 % der Bevölkerung äußerten Unzufriedenheit mit der Regierung Dubčeks, der in seinem Programm einen „Sozialismus mit menschlichem Antlitz" propagierte. (Vgl. Oldrich Tuma, 2004, Der Prager Frühling, die tschechoslowakische Krise) Das Ziel war also, einen neuen Sozialismus zu erschaffen, „ohne selbsternannte Führer, ohne graue Arbeitsstätten und ohne gefühlslose Bürokratie". (Vgl. Mlynar Zdenek, Erfahrungen auf dem Weg vom realen zum menschlichen Sozialismus, Europäische Verlagsanstalt, 1978) Im Gegenzug sollte der Wert des Menschen über allen anderen stehen und das System den Gegebenheiten der ČSSR angepasst werden, anstatt blind von Moskau zu kopieren. Die führende Rolle behielt dabei immer die KPČ, besonders als der Druck von außen zu wachsen begann.

Auf dem Gebiet der politischen Struktur wurde eine Liberalisierung aller Lebensbereiche geplant, so etwa auch des Aufbaus der KPČ selbst. Der Zentralismus sollte abgebaut werden, Machtkonzentrationen gerade um Einzelpersonen sollten verhindert werden und innerparteiliche Demokratie sowie eine Rückkehr zu einem parlamentarischen Modell mit bürgerlichen Parteien sollten aufgebaut werden.

Im Rechtssystem sollten Pluralismus und Meinungsfreiheit stärker ausgebaut werden und in der Praxis Anwendung finden. In diesem Zusammenhang steht auch die häufig geforderte Rehabilitierung der Stalin-Opfer der Prozesse der fünfziger Jahre.

Führender Architekt der Wirtschaftsreformen war Ota Šik, der ein Modell einer „humanen Wirtschaftsdemokratie" entworfen hatte. Demnach sollte die zentrale Planung der Wirtschaft auf ein Minimum reduziert werden. Im Mittelpunkt sollten dagegen konkurrierende Betriebe stehen, die sich – zumindest formell – im Besitz ihrer Arbeiter befinden. Die wissenschaftlich-technische Revolution sollte dadurch vorangetrieben werden. In den Betrieben selbst gab es ein starkes Streben nach Strukturen, in denen Beschäftigte und externe Interessengruppen, wie Vertreter der Region, die Entscheidungsgewalt hatten und eng zusammenarbeiteten.

Die Umsetzung dieser Reformpläne wäre einer Hinwendung zu einem Wirtschaftssystem wie dem Jugoslawiens oder einem noch stärker an Marktmechanismen orientiertem gleichgekommen. Nach der Wende gab Ota Šik in einem Interview an, niemals tatsächlich eine Reform des Sozialismus, sondern vielmehr dessen Abschaffung im Sinn gehabt zu haben.

Die Freiheit der Presse, Wissenschaft, Information und des Reisens waren wichtige Schritte auf dem Weg zum angestrebten kulturellen Pluralismus. Dieser kulturelle Pluralismus betraf insbesondere auch die verschiedenen Nationalitäten innerhalb der ČSSR. Den Minderheiten sollte kulturelle Selbstbestimmung und Entfaltung gewährt werden und der Slowakei eine staatsrechtliche Gleichberechtigung in Form einer Föderalisierung der ČSSR. Auf der slowakischen Hälfte der ČSSR lag hier daher auch das Hauptaugenmerk.

Außenpolitisch war das oberste Ziel Sicherheit in Europa. Gerade die Lösung des Problems der beiden gegeneinanderstehenden deutschen Staaten war hier von essenzieller Bedeutung, genau wie eine gute Beziehung der ČSSR zu ganz Europa. Die Reformer gaben vor, dass sich die ČSSR weiterhin klar an den Staaten des Warschauer Pakts orientieren würde, nur sollten die Beziehungen innerhalb des Bündnisses sich von der sowjetischen Vormacht hin zu einer gleichberechtigten Partnerschaft entwickeln. Gleichzeitig sollten die Ideen des Prager Frühlings in andere Länder weitergetragen werden. Es ist jedoch unklar, ob aus taktischen Gründen Zugeständnisse an das sozialistische Lager, den Satelitenstaaten der UdSSR gemacht wurden, um einer Intervention Moskaus zuvorzukommen.

Festgehalten wurde dies im Aktionsprogramm der Kommunistische Partei der CSSR (KPČ) vom 5. April 1968, das in der Plenarsitzung des Zentralkomitees vom 29. März bis zum 5. April beschlossen wurde. Allerdings konnten die genannten Ziele nur eine grobe Richtung vorgeben. Sie markierten bloß die Richtung eines laufenden Prozesses, der durch eine konstante gesamtgesellschaftliche Diskussion immer weiterentwickelt und erst durch politische Maßnahmen konkret werden sollte.

Das letzte Kapitel des „Prager Frühlings", der tschechoslowakischen Reformbewegung unter Alexander Dubcek zur Schaffung eines „Sozialismus mit menschlichem Antlitz", wurde mit Blut geschrieben und löste eine Flüchtlingsbewegung in Richtung Österreich aus.

Der Einmarsch der Truppen von fünf Staaten des Warschauer Paktes in die Tschechoslowakei begann in der Nacht auf den 21. August 1968. Bereits am ersten Tag gab es 58 Tote, davon 22 in Prag und 17 bei dem Massaker vor dem Rundfunkgebäude im Prager Stadtteil Vinohrady (Weinberge), als unbewaffnete Bürger die Panzer umstellten und für die Freiheit der Tschechoslowakei demonstrierten. Andere wurden von psychisch völlig überforderten, jungen Soldaten erschossen, von Panzern oder anderen Militärfahrzeugen überfahren, kamen in brennenden Häusern ums Leben oder bei dem Versuch, sich durch einen Sprung aus dem Fenster zu retten. Der Versuch, mit Bussen Barrikaden gegen die „Brüder" zu errichten, scheiterte. Tagelang gelang es den Invasoren nicht einmal, den tschechoslowakischen Rundfunk auszuschalten, der den zivilen Widerstand koordinierte. Ihr Plan, eine sowjetfreundliche „Arbeiter- und Bauernregierung" zu etablieren, scheiterte und es dauerte ein ganzes Jahr, bis sich die Lage im Sinne der Besatzungsmacht „normalisiert" hatte.

Die Invasoren besetzten die Tschechoslowakei mit 27 Divisionen, die sich aus einer halben Million Soldaten zusammensetzte, rund 6.300 Panzern, 800 Flugzeugen und 2.000 Geschützen. Zum Vergleich: Deutschland setzte 1940 gegen Frankreich 2.500 und 1941 gegen Russland 3.580 Panzer ein. So massiv die Invasion begann, so stümperhaft verhielt sich die Besatzungsmacht.

Das jüngste Todesopfer war ein zwei Jahre alter slowakischer Junge, der von einem Panzer überfahren wurde, das älteste eine 82 Jahre alte Tschechin. Diese Situation löste eine Flüchtlingswelle Richtung Österreich aus. Unser erst acht Jahre alter Wiener Landesverband vom RK hat damals eine Vielzahl von Flüchtlingsunterkünften betreut.

Die Ermittlungen des tschechischen Instituts für das Studium der totalitären Regime ergaben, dass zwischen dem 21. August und Jahresende 1968 insgesamt 108 Tschechen und Slowaken der Gewalt der Besatzer zum Opfer fielen; mehr als 500 wurden verletzt, davon 300 schwer (vergl. Tschechisches Institut für das Studium der totalitären Regime).

Flüchtlingsbetreuung vor dem Fall der Berliner Mauer

In der Nacht auf den 11. September 1989 öffnete Ungarn seine Grenze zu Österreich.

Tausende DDR-Bürger, flohen innerhalb weniger Stunden in Richtung Österreich. Vorher hatten diese Menschen bereits die Möglichkeit genützt, in das noch kommunistische Ungarn zu reisen.

Sie hofften von dort aus bald die Grenze Richtung Westen passieren zu können. Sie hatten teils wochenlang in Lagern der Malteser in Budapest ausgeharrt. Bei ihrer Ankunft in Österreich wurden diese Menschen vom WRK und anderen Organisationen in bereitgestellten Bussen in die von der Wiener Stadtverwaltung unter dem Bürgermeister Dr. Helmut Zilk zur Verfügung gestellten Unterkünfte gebracht und dort betreut.

Zur Lage: Am frühen Abend des 9. November 1989 kurz vor 19 Uhr gab ZK-Sekretär Günter Schabowski am Ende einer Pressekonferenz eher beiläufig das Inkrafttreten einer neuen Reiseregelung für DDR-Bürger bekannt.

Nach langem Drängen der Bevölkerung hatte die SED-Führung am 6. November den Entwurf für ein Reisegesetz veröffentlicht, von dem sie aber zunächst nur einen Teil – nämlich die Regelung für die Ausreise ohne Rückkehrrecht – in Kraft setzen wollte. Damit sollte vor allem der anhaltende Ausreisestrom auch über die ČSSR gestoppt werden. Unter dem Druck der Demonstrationen in Leipzig, Berlin und weiteren Städten, die gegen den Gesetzentwurf protestierten, war die Regelung am Vormittag des 9. Novembers noch einmal überarbeitet worden. Sie enthielt nun auch eine Besuchsregelung, laut der ein Visum für Privatreisen mit Rückkehrrecht künftig ohne besondere Voraussetzungen und Wartezeiten ausgestellt werden sollte.

Während der Pressekonferenz äußerte sich Schabowski dann vorzeitig zu der neuen Regelung. Aufgrund von Abstimmungsfehlern erklärte er den überraschten Journalisten, dass Privatreisen ins Ausland nun „ohne Vorliegen von Voraussetzungen – Reiseanlässen und Verwandtschaftsverhältnissen – beantragt werden" können. Die Genehmigungen werden kurzfristig erteilt und die Regelung gelte nach seiner Kenntnis „sofort, unverzüglich".(Vgl. Mitteilung des DDR-Ministeriums für Staatssicherheitsdienstes Aktenzahl 000017)

Nachdem die Abendnachrichten der ARD Schabowskis Äußerung um 20 Uhr als wichtigste Meldung unter der Schlagzeile „DDR öffnet die Grenze" verbreitet hatten, versammelten sich vor den Übergangsstellen nach West-Berlin mehr und mehr Ost-Berliner, die von dem neuen Recht sofort Gebrauch machen wollten. Für die Grenzposten, die keinerlei Instruktionen hatten, war die Lage zunächst völlig unklar.

Um den Druck der Massen zu mindern, ließen die Posten am Grenzübergang Bornholmer Straße um 21 Uhr 20 die ersten DDR-Bürger nach West-Berlin ausreisen. Allerdings ließ der Leiter der Passkontrolleinheiten ihre Pässe ungültig stempeln, was die Ausbürgerung der ahnungslosen Inhaber bedeutete. Gegen 23 Uhr 30 war der Ansturm der Menschen jedoch so groß, dass der Leiter der Passkontrolleinheiten, der noch immer keine offizielle Dienstanweisung erhalten hatte, den Schlagbaum endgültig öffnete. Ca. 20.000 Menschen konnten in der folgenden Stunde ohne Kontrolle die Bösebrücke passieren. Auch die anderen innerstädtischen Grenzübergänge wurden im Laufe des späten Abends geöffnet. Infolge der friedlichen Revolution in der DDR und der politischen Veränderungen in den Staaten Ost-Europas fiel in dieser Nacht die Berliner Mauer.

Die Flüchtlingskrise 2015

Diese Flüchtlingskrise hob Österreich und Europa zwischen September 2015 und März 2016 beinahe aus den Angeln. Die Gefühlsskala schwankte bei der Regierung und den NGOs zwischen großer Hilfsbereitschaft sowie Verantwortungsbewusstsein und nackter Angst. Es war eine Ausnahmesituation, die Helfer, Staatsdiener und Politiker an ihre Grenzen brachte.

Neben anderen Hilfsorganisationen arbeitete besonders der Wiener Landesverband vom RK gemeinsam mit seinen angeschlossenen Bezirksstellen bis an die Grenzen des Leistbaren. An vorderster Front war immer Armin Fauland zu finden. Armin ist Mitglied der Bezirksstelle Wien-West und für den Personaleinsatz des Landesverbandes verantwortlich. Für die Rot-Kreuz Arbeit gab es Zeichen der Bewunderung, aber leider auch Kritik von einigen Randgruppen der Bevölkerung. Aber im Mittelpunkt des Geschehens stand immer unser Leitspruch: „Aus Liebe zum Menschen".

Am 24. Februar 2016 fand dann die Westbalkankonferenz mit Konferenzort in Wien statt, deren Ausgang die Schließung der Route besiegelte. Initiator der Schließung der Westbalkan Route war damals der Regierungschef Sloweniens, Miro Cerar. An dieser Wiener Konferenz nahmen Regierungsspitzen der folgenden Länder teil: Kroatien, Bulgarien, sowie aus den Westbalkan-Staaten Albanien, Bosnien-Herzegowina, Kosovo, Mazedonien, Montenegro und Serbien. Die Westbalkanstaaten vereinbarten damals Grenzschließungen. Zuvor passierten täglich tausende Menschen von Griechenland diese Grenze in Richtung Mitteleuropa. Deutschland und Griechenland waren nicht eingeladen und Deutschland als auch das hauptbetroffene Griechenland lehnten das Vorhaben ab.

Es folgten chaotische Szenen an der griechisch/mazedonischen Grenze, weil nun tausende Flüchtlinge im EU-Staat Griechenland festsaßen.

Dazu meine Erlebnisse vor Ort:

Am 12. April 2016 um 17 Uhr 48 erhielt ich von der Bereitschaft Logistik vom ÖRK Landesverband Wien im Auftrag des ÖRK als Rot Kreuz Delegierter folgenden Vorbefehl: Dringender Auslandseinsatz am Balkan: Ziel: Idomeni/Griechenland an der mazedonischen Grenze. Gezeichnet Alexander Gratz.

Mein erster Gedanke war, dass es sich wieder um einen LKW-Auslands-Einsatz mit tagelangem Wohnen in der LKW-Kabine handelte. Es war aber alles ganz anders. Der Auftrag war dringend, weil der ungarische Teil des ungarisch/österreichischen Erste-Hilfe-Teams nach den gefährlichen Zwischenfällen in Idomeni am 10. April 2016 ihren Einsatz am 13. April beendeten und das von ihnen mitgebrachte medizinische Material wieder mit nach Ungarn nahmen. Bis zu meinem Eintreffen stand den Kollegen vom ÖRK nur mehr wenig medizinisches Material zur Verfügung. Außerdem musste vor Ort auch ein Kleinbus für den Mannschaftstransport angemietet werden. Wie sich später herausstellte, war die direkte Anfrage an mich kein Zufall, denn ich blickte auf bodengebundene Einsatz-Erfahrungen im Balkankonflikt in den Ländern Kroatien, Bosnien, Serbien, Mazedonien, Albanien und Kosovo aus den Jahren 1992–1999 zurück. Ohne Details zu kennen, sagte ich sofort zu. Gemäß Thomas Seltsam, Head of National Disaster Management and Research (Leiter des Nationalen Katastrophenmanagements und Forschung) des ÖRK, sollte eine sichere Route durch die EU geplant und der Weg über Ungarn, Serbien und Mazedonien vermieden werden.

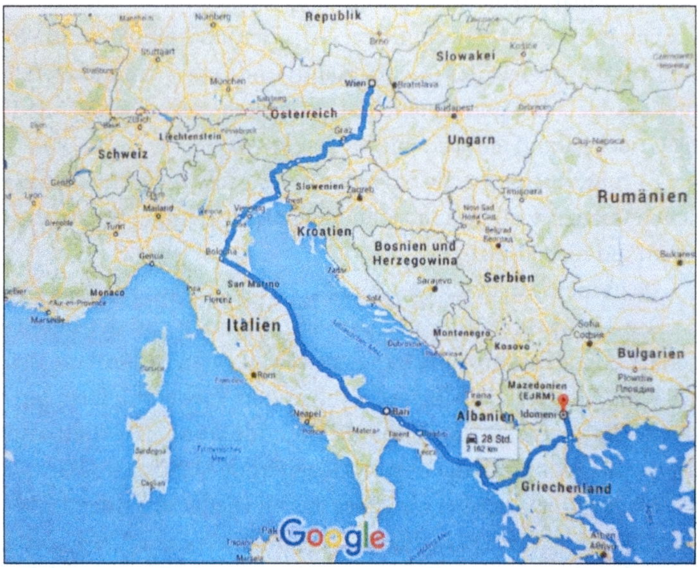

Nach dem ich persönlich im KHD von Alex Gratz, dem Bereichsleiter des Katastrophenhilfsdiensts und Chef des Stabes, einen Lagebericht erhalten hatte, plante ich eine Route über Italien nach Bari/Italien und über die Adria nach Igoumenitsa/Griechenland. Die kürzeste Seeverbindung von Italien nach Griechenland legt im Hafen Bari ab. Dieser Hafen war mir noch aus der Zeit meiner LKW-Transporte nach Duress/Albanien und Istok/Kosovo im Jahre 1999 gut in Erinnerung. Am Nachmittag des 13. Aprils 2016 standen dann auch die Details fest. Ein vom Tiroler Jugend Rot Kreuz zur Verfügung gestellter MTW Marke Opel Vivario wurde bereits in das ÖRK-KHZ (Katastrophen Hilfe Zentrum) in Inzersdorf überstellt und am Donnerstag, den 14. April 2016 auf das Generalsekretariat des ÖRK angemeldet sowie mit Erste Hilfe Equipment beladen. Wichtig bei diesem sensiblen Einsatz war auch das Anbringen beider Schutzzeichen, nämlich das Rote Kreuz und der Rote Halbmond, das Emblem der Föderation. Das Kreuz allein könnte von verschiedenen ethnischen und religiösen Gruppen in diesem Bereich abgelehnt werden. Um 22 Uhr übernahm ich das KFZ nach einem letzten Briefing von Thomas Seltsam und Alexander Gratz im Katastrophen Hilfe Zentrum des ÖRK in Wien-Inzersdorf. Ab diesem Zeitpunkt war ich als Auslandsdelegierter nicht mehr dem WRK, sondern direkt dem ÖRK-Generalsekretariat gegenüber weisungsgebunden. Die Abfahrtszeit von Österreich war jetzt bekannt und ich buchte die Fähre Bari/Italien nach Igoumenitsa/Griechenland für den 15. April 2016 mit Check-In um 18 Uhr. Es gab kein Zurück mehr.

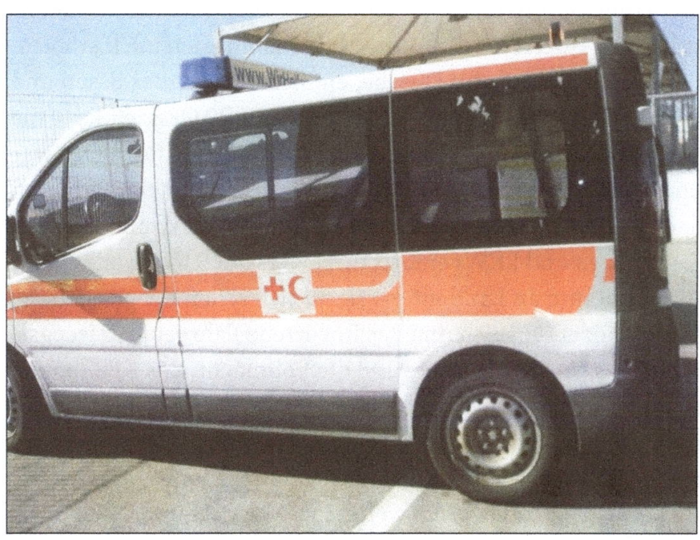

Mit Zustimmung der Ortsstellenleiterin der Rot Kreuz Ortsstelle Wolkersdorf, Frau Maria Mauser, gab es noch ein kurzes Foto-Shooting im Bereich der Rot-Kreuz Ortsstelle Wolkersdorf. Mein Wohnort ist Ulrichskirchen, nächst Wolkersdorf und habe dem Roten Kreuz Bezirksstelle Mistelbach, Ortsstelle Wolkersdorf vor einiger Zeit auch meine Mitarbeit angeboten. Dort war ich momentan mit dem Dienstgrad eines Probehelfers ausgestattet und hatte bereits von jungen Rot-Kreuz Mitarbeitern die Basisschulung über die Entstehung der Rot-Kreuz Geschichte und seinem Gründer Henri Dunant wieder gelernt. Meiner Bitte, dass mich Kollegen der Ortsstelle begleiteten, konnte aufgrund der Personalausstattung der Ortssrtelle kurzfristig nicht stattgegeben werden. Um 1 Uhr früh fuhr ich planmäßige allein von meinem Wohnort in Richtung Bari im südlichen Italien ab.

Nach 1.414 km und entsprechenden Lenkpausen erreichte ich dann um 15 Uhr 25 ohne besondere Vorkommnisse den Hafen von Bari. Nach dem geplanten Check-In und dem Abstellen des MTW zwischen ca. 100 Sattelzügen legte die Fähre um 19 Uhr Richtung Igoumenitsa/Griechenland ab. Während der neunstündigen Überfahrt (258 km auf See) konnte ich mich erholen. Es gab eine Kabine mit Dusche, endlich ein warmes Essen und auch ein Bett. Am 16. April 2016 um 5 Uhr 20 Ortszeit legte die Fähre im Hafen von Igoumenitsa an. Vor dem Check-Out war noch Zeit für ein bescheidenes Frühstück, denn ein Verlassen der Fähre war im Moment unmöglich, da der MTW inmitten von Sattelzügen und LKWs einbetoniert war. Um 8 Uhr war es dann so weit. Kaum an Land interessierte sich schon die griechische Hafenpolizei für mich und das Rot-Kreuz Fahrzeug. Reisepass, Führerschein, Frachtbriefe und die Vollmacht, das KFZ lenken zu dürfen, wurden kontrolliert. Nachdem alles in Ordnung war, durfte ich die Fahrt nach Idomeni fortsetzen. Es war nicht die einzige Kontrolle auf meinem Weg zur mazedonischen Grenze. Um 14 Uhr Ortszeit, nach weiteren 370 km, übergab ich dann am Zielort das Fahrzeug samt Beladung dem RK Delegierten und Teamleader Gottfried Staufer vom LV O.Ö. und wurde von den Delegierten Gottfried Staufer, Dr. Adolf Schöppl, Lisa Renauer, Jakob Waschak, Andreas Duschek, Patrik Hofbauer und Max Hanke herzlich empfangen. Mit Max Hanke hatte ich bereits im Sommer des Vorjahres im AMP (Advanced Medical Post) im Erstaufnahmezentrum in Traiskirchen zusammengearbeitet.

Es war ein großartiges Team im Einsatz. Ich nutzte meine Zeit, um mit in- und ausländischen Kollegen über die Situation vor Ort zu sprechen, mich zu informieren und mir selbst ein Bild der Lage zu machen. Es lebten ca. 12.000 Flüchtlinge zusammengedrängt auf einem Quadratkilometer.

Das Camp war in der Nacht unbeleuchtet und niemand war für die Sicherheit der Menschen im Lager verantwortlich. Aus dem ursprünglich morastigen Boden war in der Zwischenzeit ein staubiger und harter Untergrund geworden.

Jahreszeitlich bedingt wurde es damals schon wärmer, aber die Nachttemperaturen waren noch tief. Im Durchschnitt war täglich mit ca. 150 ambulanten Interventionen zu rechnen, ein Großteil davon waren Kinder. Das war mein Eindruck. Am 17. April 2016 musste ich wieder die Heimreise antreten. Allerdings war die Reisezeit mit dem Flugzeug von Thessaloniki nach Wien-Schwechat deutlich kürzer und betrug bloß 1 Stunde und 50 Minuten. Damit war meine Arbeit aber noch nicht beendet. Am 18. April 2016 musste der Einsatz nachbearbeitet und die Reisekostenabrechnung erstellen werden. Am Tag darauf, am 19. April 2016, wurde im Generalsekretariat über den Einsatz berichtet, die Kommunikationsmittel wurden zurückgegeben und die Reisekostenabrechnung abgegeben.

Haus Henriette

Im Haus „Henriette" des WRK wohnen ehemals obdachlose Männer, die ihr Leben nicht mehr allein gestalten können. Gemeinsam mit dem Fonds Soziales Wien ist auch in diesem Bereich das WRK im Einsatz.

Diese Institution wurde im Juli 2010 unter Dr. Karl Skyba Präsident des WRK eröffnet.

Im Zuge der Wiener Wohnungslosenhilfe fördert der Fonds Soziales Wien diesen Standort. Es ist eine Einrichtung für sozial betreutes Wohnen und bietet Dauerwohnplätze für wohnungslose Menschen, die aufgrund gesundheitlicher oder psychischer Probleme nicht mehr selbstständig allein, wohnen können.

Es ist eine vom Roten Kreuz betreute Unterkunft für Personen mit psychischer oder chronisch körperlicher Erkrankung, unter anderem auch eine Einrichtungen für sozial betreutes Wohnen und Wohnplätze in Übergangswohnungen. Dabei ist es dem Fonds Soziales Wien gemeinsam mit dem WRK ein besonderes Anliegen, der Würde von Menschen eines fortgeschrittenen Alters gerecht zu werden. Neben der Bereitstellung eines adäquaten Wohnplatzes sollen vorhandene Fähigkeiten für ein selbstständiges Wohnen weitgehend erhalten werden.

Es werden hauptsächlich Personen betreut, die wahrscheinlich nicht mehr völlig eigenständig leben können und daher einen Dauerwohnplatz im Haus erhalten. Für zirka ein Drittel der Bewohner dient die Einrichtung jedoch als Übergang und zur Vorbereitung auf eine eigene Wohnung und ist als Übergangslösung zu sehen.

Gesundheits- und Sozialdienst

In der Frühzeit des LV Wien wurde von der Stadt Wien eine Sozialdienststelle im 17. Bezirk in der Rhighasgasse 8 zur Verfügung gestellt. Diese Institution wurde im Juni 1984 im Zuge von Umstrukturierungsmaßnahmen innerhalb des Landesverbandes aufgelassen. Der Gesundheits- und Sozialdienst wurde innerhalb der Bezirksstellen weitergepflegt und entwickelte sich in den Bereichen Seniorenbetreuung, Psychosoziale Betreuung, Jugendbetreuung und Sozialbegleitung zu einer professionellen Einrichtung im Landesverband. Im Rahmen des Sozialen Notrufes hat sich unser leider zu früh verstorbener Kollege Leopold Schönhofer durch viele Einsätze besonders ausgezeichnet. Die Mutter des Gesundheits- und Soziale Dienste (GSD) war Renate Rieger.

Der Bereich Gesundheits- und Soziale Dienste im WRK erlebte aber dann im Laufe der Jahre einen nicht mehr weg zu denkenden Aufschwung. Herr Harald Pfertner, Leiter des Bereichs Gesundheits- und Soziale Dienste im WRK, meint auf Basis von Kundenbefragungen: „Wir können stolz sein."

96 % der Wiener, die Leistungen der mobilen Pflege und Betreuung beziehen, sind damit sehr zufrieden oder zufrieden. Dies ergab eine Umfrage im Auftrag des Fonds Soziales Wien. Dabei wurden 3.700 Kund befragt. (Vgl. Kundenbefragung im Auftrag d. Fonds Soziales Wien, 2019) Nun liegen die überaus erfreulichen Detailergebnisse zu den Leistungen des WRK vor. Der Leiter des Bereiches Gesundheits- und Soziale Dienste, hat allen Grund, stolz auf die Leistungen seiner Kollegen und Kolleginnen zu sein und beurteilt die Umfrage-Ergebnisse wie folgt: „Für den Bereich GSD des WRK wurde die Arbeit des Heimhilfedienstes bewertet und damit die Leistung von insgesamt 400.000 Arbeitsstunden der Kollegen und Kolleginnen. Der Vergleich zu früheren Umfragen macht deutlich, dass die Kundenzufriedenheit zugenommen hat. Denn bei der Zufriedenheit unserer Klienten und Klientinnen als auch bei der Zahl

derer, die unsere Leistungen weiterempfehlen, konnten wir im Vergleich zu früher stark zulegen. Die Beurteilung der Leistungen mit der Gesamtnote 1,4 ist hervorragend. Zusätzliches Gewicht erhält diese Anerkennung, da die Zahl der Klienten und Klientinnen gestiegen ist. Das WRK ist damit ein herausragender Partner des Fonds Soziales Wien (FSW). (vgl. Aussendung ÖRK Bereich Marketing und Kommunikation)

Die Mitarbeiter des GSD punkten vor allem durch ihre Freundlichkeit, ihr besonderes Einfühlungsvermögen und die Bereitschaft, auf individuelle Bedürfnisse einzugehen. Der überaus respektvolle Umgang mit den Klienten und Klientinnen hat dabei oberste Priorität.

Mit dieser kompetenten Einrichtung sorgt das WRK dafür, dass immer mehr Menschen in ihrer gewohnten Umgebung bleiben können.

Der Rotkreuz-Sanitätseinsatz

Der Rettungsdienst des WRK ist tagtäglich für die Menschen im Einsatz. Ambulanz-, Kontroll- und Spitalstransporte gehören genauso zu den Dienstleistungen des WRK wie die Fahrt zum Pflegeheim. Im Jahr 2017 gab es 116.015 Einsätze, beziehungsweise betreute Patienten und der Rettungsdienst fuhr 2.481.679 Kilometer.

Schwerpunkt in Wien ist der Sanitätseinsatz, also Fahrten für Menschen, die medizinischer Betreuung bedürfen und aufgrund ihres Zustandes eine qualifizierte Begleitung benötigen – zum Beispiel, weil sie nur liegend transportiert werden können, oder nicht selbst zum Auto gehen können.

Eine eigene Kids Ambulance (insgesamt 8 zusätzliche Rettungsfahrzeuge) bietet den Kindern neben der entsprechend angepassten medizinischen Versorgung ein fröhliches, angstfreies Umfeld – zum Beispiel bei ihrer Einweisung ins Krankenhaus.

Die Rettungsfahrzeuge sind 365 Tage im Jahr ohne Pause im Einsatz. Das ist eine enorme Belastung für die Motoren und Maschinen. Mit einem Anschaffungspreis von rund € 70.000 pro Fahrzeug muss das WRK enorme Kosten zum Wohle der Allgemeinheit tragen.

Bereitschaft Water & Sanitation

Der Water & Sanitation (WatSan, früher Trinkwasseraufbereitung) des WRK mit ihren derzeit 24 freiwilligen Mitgliedern obliegt es, im nationalen Katastrophenfall die Bevölkerung mit Trinkwasser zu versorgen. Ein wachsender Teil der Mitarbeiter ist auch im internationalen Bereich der Katastrophenhilfe tätig. Dafür ist aber eine zusätzliche Ausbildung erforderlich, die vom ÖRK für Bewerber angeboten wird, damit diese als Delegierte international tätig sein können. Schwerpunkte sind neben dem fachlichen Bereich auch Englischkenntnisse mindestens auf Niveau B1 nach dem europäischen Referenzrahmen. Des Weiteren setzt sich die Ausbildung aus Kursen wie „Stay safe Personal security training" (ein persönliches Sicherheitstraining), „Code of Conduct" (Verhaltensregeln) und „World of Red Cross and Red Crescent" (Welt des RK und des Roten Halbmonds) zusammen. Hierbei erweitern sich die Aufgaben auf Sanitärversorgung und Hygiene, darum auch die Bezeichnung Water & Sanitation. Auch im nationalen Bereich wird diesem Thema immer mehr Aufmerksamkeit geschenkt.

Trinkwasser wird nicht zu Unrecht als das Notfallmedikament Nummer 1 bezeichnet. Der Wiener WatSan stehen für die Bereitstellung von Trinkwasser eine Berkefeld- und eine Scan-Water-Anlage zur Verfügung. Die Berkefeld-Anlage versetzt verschmutztes Wasser in mehreren Rohwassertanks zur Vorbehandlung mit Chemikalien, nämlich Chlor, Eisen-III-Chlorid (oder Aluminiumsulfat) und Aktivkohle. Dadurch werden Bakterien getötet und Schwebstoffe gebunden, die sich dann am Boden des Rohwassertanks absetzen. Danach wird das vorbehandelte Wasser mit hohem Druck durch eine Filteranlage geschickt, nachchloriert, um eine erneute Verkeimung zu verhindern, und im Reinwasserbecken gesammelt.

Sobald die Anlage in vollem Betrieb läuft, ist es möglich, ungefähr 6.000 Liter (TWA6) hochreines Trinkwasser pro Stunde zu produzieren. Die ScanWater-Anlage funktioniert nach einem ähnlichen Prinzip, kann bis zu 4.000 Lit/Stunde produzieren und ist aufgrund ihrer kompakten Größe im Feld flexibler.

Neben laufender Aus- und Weiterbildung innerhalb der Bereitschaft werden Neuigkeiten und Weiterentwicklungen bei monatlichen Treffen ausgetauscht. Materialwartung, repräsentative Tätigkeiten in Schulen oder bei öffentlichen Veranstaltungen (z. B. Fest der Helfer) und Einsatzübungen sind Aufgaben, die Rot-Kreuz Mitarbeiter*innen mit Freude und Engagement erledigen.

In den letzten fünf Jahren haben 8 Mitarbeiter*innen des Landesverbands Wien internationale Einsätze unterstützt.

Hauskrankenpflege

Die Hauskrankenpflege ermöglicht es Menschen in ihren eigenen vier Wänden fachgerechte Pflege und Betreuung zu erhalten. Hauskrankenpflege wird von diplomierten Gesundheits- und Krankenpflegepersonen und Pflegehelfer*innen in Zusammenarbeit mit Hausärzten durchgeführt.

Den Alltag meistern, auch wenn manches nicht mehr so leicht geht – das macht die Heimhilfe möglich! Egal ob Unterstützung bei der Körperpflege, beim Organisieren der Pflegebehelfe, beim An- und Auskleiden, beim Haushalt usw. – die qualifizierten Heimhelfer*innen kümmern sich darum.

Besuchsdienst

Der Besuchsdienst bietet Ihnen oder Ihren Angehörigen praktische Unterstützung im Alltag bei diverseren Besorgungen und Wegen als auch gemeinsame Zeit, die mit Gesprächen, Gesellschaftsspielen, Spaziergängen, u.v.m. gefüllt wird.

Die mehrstündige Alltagsbegleitung bietet eine Entlastung für An- und Zugehörige bei der Unterstützung von pflege- und/oder betreuungsbedürftigen Menschen.

Blutspendedienst

Alle 75 Sekunden wird in Österreich eine Blutkonserve benötigt. Das sind bis zu 420.000 Konserven pro Jahr. Ganz gleich, ob bei Unfällen, Operationen, schweren Erkrankungen oder Geburten, menschliches Blut zählt im Notfall zu den wichtigsten Medikamenten und kann durch nichts ersetzt werden.

Leider ist das nur wenigen Menschen bewusst und es spenden bloß 3,65 % der Österreicher*innen regelmäßig Blut. Damit die Patienten und Patientinnen auch zukünftig auf eine sichere Versorgung rund um die Uhr vertrauen können, müssen junge Menschen verstärkt auf dieses wichtige Thema aufmerksam gemacht werden. Dazu braucht es die Unterstützung von Partnern, die dieses wichtige Anliegen mit kostenlosen Werbeflächen in TV, Radio und Printmedien sowie Plakatflächen unterstützen.

Das WRK hilft der Blutspende Zentrale für Wien, Niederösterreich und das Burgenland bei der Aufbringung der notwendigen Blutkonserven für Wien und ehrt gemeinsam mit der Blutspende Zentrale Blutspender.

Health Consult
(Gesundheitsvorsorge)

Das WRK steht mit der Tochterinstitution Health Consult für Gesundheit. 2020 feierte diese wertvolle RK-Institution ihr 30-jähriges Bestehen. Das Ziel ist, Unternehmen und arbeitende Menschen in Betrieben auf einen gemeinsamen gesundheitlichen Nenner zu bringen. Durch Beratung und Betreuung sowie Bildung und Behandlung wird immer versucht, die gesteckten Ziele zu erreichen. Bei allen Leistungen stehen Prävention, Ressourcenorientierung, Gesundheitsförderung sowie Interdisziplinarität an oberster Stelle.

Denn dem RK sind Gesundheit und Gesundheitsvorsorge ein großes Anliegen. Aus diesem Grund bietet das WRK der Bevölkerung umfangreiche und professionelle Unterstützung und Förderung für Gesundheitsmaßnahmen an.
Im Gesundheits- und Vorsorgezentrum der Health Consult, können verschiedene Dienstleistungen je nach den individuellen Gesundheits-Bedürfnissen in Anspruch genommen werden, denn stetige Veränderungen in der Arbeitswelt verlangen neue Strategien.

Die Schwerpunkte sind:

» Arbeitsmedizin
» Arbeitspsychologie
» Gesundheitsvorsorge
» Fachärztezentrum
» Service

Diese vom WRK geleitete Institution befindet sich im 1. Bezirk Wiens, Freyung 6.

Jugendförderung

Das Rote Kreuz setzt sich mit unterschiedlichen Programmen dafür ein, dass junge Menschen – also diejenigen, die unsere Welt in der Zukunft prägen werden – die RK-Dienstleistungen aktiv kennen lernen. Jugendliche, die ganz im Zeichen der Menschlichkeit hinschauen und nicht wegschauen und bereit sind, Initiative zu ergreifen und sich für andere einzusetzen, werden beim RK zu den Helfern von morgen. (Vgl. get social, Jugendreporter, Österreichisches Jugendrotkreuz, abgerufen 4.3.2022)

Essenzustellung

Für alle, die nicht mehr selbst kochen können oder wollen, und sich trotzdem daheim gut und ausgewogen ernähren wollen, gibt es dieses Angebot. Der Speisenzusteller des Wiener Roten Kreuzes steht bereits 25 Jahre für abwechslungs- und genussreiche Kost sowie für Top-Qualität bei Waren des täglichen Gebrauchs.

Ausbildungszentrum (ABZ)

Es ist die Ausbildungs-Akademie des WRK, die ein vielfältiges Ausbildungsangebot bereitstellt. Das Ausbildungszentrum des WRK verbessert jährlich das Know-How von über 30.000 Kursteilnehmer. Auf dem Weg zu einer umfassenden Katastrophenhilfe und Gesundheitsvorsorge fördert das ABZ die humanitären Werte, die Aus-, Fort- und Weiterbildung sowie die Vorsorge und Hilfeleistung. In den Bereichen der Ersten Hilfe, der Gesundheits- und Sozialberufe, des Sanitätswesens und des Ärztetrainings werden die Kursteilnehmer in ihrer beruflichen und persönlichen Entwicklung unterstützt. Hauptanliegen bei der Organisation und Durchführung des Bildungsangebotes sind die Qualität der Veranstaltungen sowie die Verknüpfung von Theorie und Praxis. Durch das ständige Einfließen von Einsatzerfahrungen und der Orientierung an Kundenbedürfnissen wird das Leistungsangebot laufend optimiert und ergänzt. Das Team besteht aus sozial, methodisch und fachlich kompetenten Mitarbeitern und Mitarbeiterinnen und gibt deren Know-How zielorientiert an die Kunden weiter.

Das Ausbildungszentrum ist ständig bereit, bei Katastrophen und in außergewöhnlichen Situationen bedarfsorientiert rasch und kompetent Hilfe zu leisten. Der Vordenker dieser Rot-Kreuz Akademie war ORR Ernst Barak, der Anfang der 80-iger Jahre die Rot-Kreuz Landesschule Wien gründete.

Rot-Kreuz Flugbetreuung der AUVA-Überstellungsflüge

Ein Bericht von Ing. Hellmut Bayer:

Seit dem Jahr 1971 ermöglicht die AUVA (Allgemeine Unfallversicherungsanstalt) Arbeitsunfall-Patienten einen Rehabilitations-Aufenthalt am Meer. Dieser erfolgt in einem Rehabilitationszentrum in Bolnica am Rande von Rovinj (auf der Halbinsel Istrien in Kroatien). Die Ursprünge dieses Bolnicas gehen auf das 1888 vom österreichischen Kaiserhaus gegründete Hospiz für Kinder zurück. Im Jahr 1906 erwarb die Gemeinde Wien das Hospiz und weitere Grundstücke, um Wiener Kindern, die an Knochen-TBC erkrankt waren, einen Erholungsaufenthalt bieten zu können. Jetzt ist es ein Krankenhaus für orthopädische Chirurgie und Rehabilitation.

In den ersten Jahren der Nutzung durch die AUVA wurden die österreichischen Versehrten (anfangs ausschließlich querschnittgelähmte Rollstuhlfahrer) im Bolnica gemeinsam mit jugoslawischen Patienten in einem Pavillon untergebracht. 1981 wurde ein Pavillon eigens für die österreichischen Versehrten basierend auf modernsten Kriterien adaptiert und auch weitere Zubauten wurden finanziert. Wenn medizinisch sinnvoll und gewünscht, können die Versehrten auch eine Betreuungsperson (meist aus dem Familienkreis) zu diesem Rehabilitations-Aufenthalt mitnehmen. In der Zeit zwischen Mitte März und Mitte Oktober finden zehn Turnusse zu je drei Wochen statt. Insgesamt können pro Turnus ca. 85 Personen teilnehmen.

Die An- und Abreise erfolgt mit dem eigenen PKW. Für die Versehrten und Betreuungspersonen, die nicht mit einem PKW anreisen können oder wollen, wird ein Lufttransport eingerichtet.

In den Anfangsjahren erfolgte dieser Lufttransport mit dem Hubschrauber des Österreichischen Bundesheeres. Ab ca. 1975 wurde auf einen Flugzeugtransport umgestellt und es wurden verschiedene Kleinflugzeug-Anbieter mit dem Transport beauftragt.

Von 1983 bis 1986 wurde mit Flugzeugen des Typs METRO der Austrian Air Services (AAS, Inlandstochter der AUA) geflogen. Seit 1984 stellt das WRK dafür zwei ehrenamtliche Flugbetreuer. Die METRO war ein 20-sitziges Flugzeug, das auf 12 Sitze reduziert wurde und keine Flugbegleiter an Bord hatte. Die Maschine flog von Wien, Linz, Salzburg, Innsbruck, Graz und Klagenfurt nach Pula (damals hauptsächlich Militärflugplatz der jugoslawischen Armee) an der Südspitze Istriens. Aufgrund der Größe des Fluggerätes mussten pro Turnuswechsel mehrere Flüge absolviert werden, sodass wir bis zu drei Tage unterwegs waren. Die Aufgaben der Mitarbeiter des WRK waren den Versehrten und den Betreuungspersonen beim Ein- und Aussteigen zu helfen, Rollstuhlfahrer mittels eines von einem RK-Kollegen umgebauten Tragsessels durch die Frachtraumtüre ein- und auszuladen und das Verbringen der Patienten von dort in den Passagierraum und auf den jeweiligen Flugzeugsitz. Der Niveauunterschied zwischen dem Vorfeldboden und dem

Frachtraumboden wurde mit Hebebühnen, die in Pula manuell aufgepumpt werden mussten, was den Soldaten der damaligen jugoslawischen Volksarmee auf dem Militärflugplatz nur sehr schwer zuzumuten war, überwunden. Da keine Flugbegleiter an Bord waren, war es auch unsere Aufgabe während des Fluges Mozartkugeln, Mannerschnitten und Apfelsaftfläschchen an die Flugpassagiere zu verteilen sowie die Sicherheit der Fluggäste zu gewährleisten.

Ab 1987 wurden die Tyrolean Airways (dann Austrian Arrows als Tochter der AUA, ab 2014 direkt AUA) vertragsmäßig von der AUVA mit den Charterflügen betraut. Dabei sind auch immer drei ehrenamtliche Flugbetreuer des WRK an Bord. Zuerst wurde entweder mit einer DASH7 (4-motorige Turboprop-Maschine mit 50 Passagiersitzen – reduziert auf 46 Sitze für einen zusätzlichen Gepäckkäfig) oder DASH8-100 (2-motorige Turboprop-Maschine mit 35 Passagiersitzen) von allen oben angeführten österreichischen Flughäfen geflogen. Im Zuge der Flottenumstellungen der Tyrolean Airways und dann der AUA wurden im Laufe der Jahre zuerst DASH8-300 (2-motorige Turboprop-Maschine mit 50 Passagiersitzen) und in den letzten Jahren dann auch DASH8-400 (2-motorige Turboprop-Maschine mit 76 Passagiersitzen) eingesetzt, während die DASH7, DASH8-100 und DASH8-300 ausschieden. An all diesen Flügen nahmen immer zwei Senior-Flugbegleiter teil (bei der DASH8-400 zusätzlich noch ein Junior-Flugbegleiter), sodass wir von den Serviceaufgaben befreit waren. Außerdem fliegen wir Klagenfurt schon seit vielen Jahren nicht mehr an.

Unsere Aufgaben bestehen, wenn wir gleichzeitig mit den Fluggästen einsteigen, im Empfang der Passagiere vor dem Check-In, der Mithilfe beim Check-In (Gepäck bewegen) und der Unterstützung beim Weg zum Gate, beim Einsteigen in den Vorfeldbus und beim Einsteigen in das Flugzeug bis zum Niedersetzen auf den jeweils vorgeschriebenen Sitzplatz. Wenn wir bereits von einem anderen Flughafen kommen, übernehmen wir die Fluggäste erst neben der Einstiegstreppe am Vorfeld. Die Rollstuhlfahrer werden von uns aus dem Rollstuhl auf einen speziellen klappbaren Tragsessel (den die AUVA im Jahr 1987 anfertigen ließ und den wir immer mitnehmen) gesetzt und über die ca. 1,2 m hohe Einstiegstreppe getragen, durch den Gang zwischen den Sitzreihen (51 cm Breite zwischen den Sitzen) gerollt und auf ihren zugewiesenen Sitzplatz gesetzt. All diese Unterstützungsaufgaben erfolgen auch in umgekehrter Reihenfolge beim Aussteigen. Während des Fluges ist es unsere Aufgabe manuell bewegungs-eingeschränkten Versehrten bei der Nahrungsaufnahme (Bordverpflegung in dem bei Charterflügen üblichen Umfang gab es immer – wird aber immer seltener), WC-Gängen und natürlich – und vor allem – bei der Evakuierung der Passagiere in einem möglichen Notfall (noch nie vorgekommen) zu helfen. Darauf wurden wir jährlich in einer halbtägigen Schulung (Lage und richtiges Öffnen der Notausstiege, etc.) theoretisch und praktisch von den Tyrolean Airways und dann der AUA vorbereitet. Natürlich fällt, auch die kompetente Hilfeleistung bei medizinischen Notfällen, was aber nur äußerst selten vorkommt, in unseren Aufgabenbereich. Da querschnittgelähmte sowie amputierte Versehrte aus Sicherheitsgründen beim Flug eine Begleitperson benötigen, stellt das WRK bei Bedarf und auf Bestellung der AUVA auch derartige Flugbegleiter*innen bereit – wir waren schon bis zu neun RK-Mitarbeiter*innen auf einem Flug. Seit 2007 sind auch Rettungssanitäter als Flugbetreuer tätig. Flugbegleiterinnen waren weibliche Kolleginnen schon früher. In Pula hatten wir oft die Möglichkeit, den Duty-Free-Shop im Flughafengebäude aufzusuchen, meist blieben wir aber an Bord bzw. am Vorfeld und warteten den Rückflug ab.

Einige Jahre wurden zum Teil mit nicht in Wien stationierten Maschinen geflogen, sondern wir reisten nach Linz oder Graz auch mit der Bahn bzw. von dort (oder Innsbruck) mit der Bahn nach Wien zurück. Von Innsbruck aus konnten wir jedoch sehr oft mit der abendlichen Linienmaschine nach Wien fliegen, sodass wir insgesamt nur dreimal den Nachtzug nach Wien nehmen mussten. Wenn in diesen Jahren der Flugtag in Innsbruck begann, flogen Kollegen des RK Innsbruck statt uns – manchmal auch bei Beginn in Wien, wenn das Endziel Innsbruck war (da kamen die Innsbrucker Kollegen mit der ersten Früh-Linienmaschine nach Wien). Seit 2006 wird aber wieder ausschließlich mit in Wien, Graz oder Linz stationierten Flugzeugen geflogen, sodass das WRK alle jährlichen 11 Flugtage (10 Turnusse und den letzten Rückflug) betreut, wobei bei Beginn in Linz oder Graz mit einem RK-PKW von Wien zu- und abgefahren wird.

Im Sommer 1991 wurden die Versehrten, die sich gerade im Rehabilitationszentrum befanden, aufgrund des beginnenden Jugoslawien-Kriegs, in einer über Nacht gestarteten ad-hoc-Aktion zurückgeholt und dann in diesem Jahr kein Turnus mehr abgehalten.

Von 1992 bis 1994 wurde für die Überstellungsflüge nicht Pula, sondern Portoroz, damals schon Slowenien, am nördlichen Ende der istrischen Halbinsel angeflogen. Dies war und ist ein nur für Kleinflugzeuge geeigneter Flugplatz, für den sich die DASH7, aufgrund ihres Bedarfs von unter 1000 m Rollbahn für Start und Landung, eignete. Die Infrastruktur auf diesem Flugplatz war dem Zweck entsprechend und setzte sich aus einem kleinen Abfertigungsgebäude, einem Sonnenschirm und einer Zapfsäule zusammen, sonst nichts.

Im März 1995 wurde erstmals wieder der Flughafen Pula angeflogen und wir waren das erste zivile Flugzeug, das nach den Kriegswirren dort landete. Die gesamte Flugzeugbesatzung wurde in das neu gebaute Empfangsgebäude gebeten, wo wir mit großem Pomp (Musik-, Gesangs- und Tanzgruppen) und leckeren Spezialitäten empfangen wurden. Der Empfang wurde vom kroatischen Fernsehen aufgenommen und ausgestrahlt. In den letzten Jahren hat sich der Flughafen sehr weiterentwickelt und es reisen auch immer mehr Badegäste über den Luftweg an. Seit den 2010er Jahren landet am Mittwoch, unserem Flugtag, in den Sommermonaten mindestens eine Boeing747 aus Moskau, während wir am Vorfeld stehen. Laut Aussage der Ramp-Agents reisen in der Badesaison an Mittwochen und Samstagen bis zu 10.000 Fluggäste an oder ab, vor allem aus Russland, aber auch aus Großbritannien, Irland und Frankreich.

Sowohl aus Pula als auch aus Portoroz wurden und werden die Fluggäste mit Bussen in das Rehabilitationszentrum nach Rovinj gebracht. In den ersten Jahren gab es zusätzlich zu einem Linienbus für gehende Fahrgäste und das Gepäck ein bis zwei Niederflur-City-Busse für Rollstuhlfahrer. Seit einigen Jahren wird ein mit einer Hebebühne ausgestatteter Bus für die Rollstuhlfahrer eingesetzt. Dieser wurde von der AUVA angeschafft und wird jährlich von einem Fahrer des ARBÖ zu Saisonbeginn, vollgeräumt mit Heilbehelfen und Pflegeartikeln, von Wien nach Rovinj und zu Saisonende wieder zurück nach Wien transferiert. Vor ein paar Jahren wurde der Bus an den Betreiber des Krankenhauses in Rovinj verkauft. Die Fahrtstrecke von Pula nach Rovinj beträgt ca. 40km und wird in ca. einer Stunde zurückgelegt. Von Portoroz nach Rovinj dauerte die Fahrt, auch aufgrund der Kontrollen an der slowenisch/kroatischen Grenze, mindestens drei Stunden.

Bei den Leerflügen, z. B. beim ersten oder letzten Flug des Flugtages in Linz, Innsbruck oder Graz oder auch beim Rückflug des Hintransports des 1. Turnusses bzw. beim Hinflug zum Rücktransport des letzten Turnusses, sind außer der offiziellen Flugzeugbesatzung (Captain, 1. Offizier, 2–3 Flugbegleiter) nur wir RK-Flugbetreuer an Bord und können den Flug so richtig genießen. Ansonsten haben wir bei der DASH8-300 zwischen 15 und 40 und bei der DASH8-400 bis zu 60 Fluggäste an Bord, wobei jeweils ca. 2–3 Versehrte und 1–3 Betreuungspersonen sind. An Rollstuhlfahrern hatten wir in den letzten Jahren zwischen 1–2 und maximal 11 Personen, was sowohl für die RK-Kollegen beim Ein- und Ausladen als auch für das Verstauen der Rollstühle samt dem Gepäck im Frachtraum (nicht unsere Aufgabe) eine große Herausforderung darstellte.

Wegen dem Ende der DASH-Ära im Jahr 2020 und dem deshalb im Laufe des Jahres 2019 durch die AUA gekündigten Vertrag zwischen der AUA und der AUVA werden die Versehrten jetzt auf anderen Wegen nach Rovinj transportiert – ohne Mitarbeit des WRK.

Katastrophenvorsorge

Wien ist eine der sichersten Städte der Welt – nicht nur, weil wir in den letzten Jahren von Katastrophen verschont geblieben sind, sondern auch weil wir auf die unterschiedlichsten Ereignisse und Situationen, die verschiedenste Notfallmaßnahmen und Hilfeleistungen erfordern, vorbereitet sind. Dies hat sich besonders ab dem Jahr 2020 während der Corona Virus Pandemie mit ihren Varianten bewährt und die Bevölkerung konnte sich auf die Hilfe und Unterstützung der Experten des Rot-Kreuz Katastrophendienstes verlassen.

Das gilt auch, wenn Menschen nach Unwettern und Bauschäden kurzfristig in Notunterkünften untergebracht werden müssen. Großschadensereignisse (U-Bahn-Unfälle, Flugzeugabstürze oder Verkehrsunfälle mit vielen Verletzten) verlangen bestens ausgebildete und gut eingespielte Teams.

Viele unserer Teams wie die Trinkwasseraufbereitung und die Krisenintervention stehen auch für internationalen Einsätze z. B. bei Erdbeben, Fluten oder Dürre zur Verfügung.

Abseits von Katastrophen nutzen wir unser Know-How für die Sicherheit bei Großveranstaltungen (Rockkonzerten, Fußballmatches oder Marathons) und sorgen für eine adäquate Betreuung.

Integration und Migration

Viele Zuwanderer und Zuwanderer, die nach Österreich kommen, haben Schwierigkeiten. Wir müssen besonders ihnen unsere Aufmerksamkeit und Unterstützung widmen. Die Aktivitäten des Roten Kreuz im Bereich Integration werden vor allem von den Grundsätzen der Menschlichkeit und der Unparteilichkeit getragen. Wir helfen dort, wo Menschen unsere Hilfe benötigen.

Und nicht zuletzt die „Tafel"

Miete, Strom und andere Fixkosten belasten das Haushaltsbudget monatlich. Die Ausgabestellen der Team Österreich Tafel, ein Projekt des RK und von Hitradio Ö3, unterstützen Menschen, wenn es finanziell knapp ist, mit kostenfreien Lebensmittelspenden. Gleichzeitig wird so ein Beitrag gegen die Lebensmittelverschwendung geleistet. In Österreich landet jedes fünfte Brot im Müll. Der Begriff „Wegwerfgesellschaft" ist sehr zutreffend. Tonnen an Lebensmitteln, die noch einwandfrei und frisch sind, werden entsorgt. Gleichzeitig gibt es in Österreich eine Million Menschen, die an der Armutsgrenze leben. Aus diesen Gründen wurde die Team Österreich Tafel ins Leben gerufen.

Freiwillige Helfer des Team Österreichs sammeln überschüssige, einwandfreie Lebensmittel und verteilen sie über die RK-Dienststellen noch am selben Tag an bedürftige Menschen in Österreich.

Gespendet werden die Waren von Supermärkten, lokalen Lebensmittelgeschäften, Bäckern, Gemüsebauern oder direkt von den Produzenten.

Mit einem flächendeckenden Netz an Dienststellen in ganz Österreich ist das RK der ideale Partner für diese Aktion. Es gibt dem Projekt den Background, den organisatorischen Rahmen (Autos, Ausgabestellen etc.) und eine Leitung. Die Team Österreich Tafel kann entweder als eigenes Projekt oder in Kooperation mit bestehenden Initiativen (Sozialmärkten etc.) durchgeführt werden.

Solange Lebensmittel vorrätig sind, steht das Angebot der Team Österreich Tafel jeder Person zur Verfügung, die Unterstützung braucht. Unser Leitspruch für die Zukunft: „Wir sind nur gut, wenn wir versuchen, noch besser zu werden."

ÜBERSICHTEN

Funktionäre

Präsidenten

Maria Jacobi	von 1961 bis 1976
Univ. Prof. DDr. Alois Stacher	von 1976 bis 2000
Dr. Gustav Teicht	von 2000 bis 2005
Dr. Karl Skyba	von 2005 bis 2015
Univ. Prof. Dr. Reinhard Krepler	von 2015 bis 2020
Dr. Gabriele Domschitz	von 2020 bis dato

Vizepräsidenten

Prof. Dr. Fritz Schürer-Waldheim	von 6/1961-5/1976
Primarius Dr. Otto Glück	von 6/1961-5/1974
Univ. Prof. DDr. Alois Stacher	von 5/1974-5/1976
Walter Lehner	von 5/1976-5/1985
Hofrat Dr. Karl Sretenovic	von 5/1981-5/1986
Prof. Dr. Gertrude Kubiena	von 5/1985-5/2000
Dr. Gustav Teicht	von 5/1991-5/2000
Univ. Prof. Dr. Heinz Weber	von 5/2000-9/2003
Dr. Karl Skyba	von 5/2000-6/2005
Prof. Günter Kodek	von 5/2000-9/2014
Dr. Gabriele Payr	von 6/2005-5/2009
Univ. Prof. Dr. Dr. h. c. Dontscho Kerjaschki	von 6/2005-dato
Dr. Ernst Theimer	von 5/2009-5/2015
Univ. Prof. Dr. Reinhard Krepler	von 12/2014-5/2015
Dr. Gabriele Domschitz	von 12/2015-10/2020
Peter Hoffelner	von 12/2014-dato
Senatsrat Richard Neidinger	von 6/2015-10/2020
Mag. Andreas Pommerening	von 10/2020-dato

Landesrettungskommandanten

Johann Kutschera	von 1961 bis 1976
Herwig Jungwirth	von 1976 bis 1982
Otto Hadl	von 1982 bis 1986
Fritz Mitschitz	von 1986 bis 1988
Mag. Lorenz Wehrstein	von 1988 bis 1990
Kurt Wolff-Votava	von 1990 bis 1999
Thomas Prinz (Wanasek)	von 1999 bis 2014
DI (FH) Peter Schimanek	von 2014 bis 2015
Ing. Karl-Dieter Brückner B.A., MS	von 2015 bis 2020
Mag. Andrej Grieb (interimistisch als LRK Stv.)	von 2020 bis 2021
Ing. Michael Sartori	von 2021 bis dato

Landesrettungskommandanten Stv.

Friedrich Bursa	von 1963 bis 1988
Ing. Hellmut Bayer	von 1988 bis 1990
Kurt Wolff-Votava	von 1988 bis 1990
Ernst Barak	von 1990 bis 1995
Fritz Netsch	von 1995 bis 2000
Mag. Andrej Grieb	von 1999 bis dato
Rainer Geist	von 1999 bis 2005
Peter Hoffelner	von 2006 bis 2015
DI (FH) Peter Schimanek	von 2010 bis 2014
Ing. Karl-Dieter Brückner MSc	von 2014 bis 2015
Herbert Fuchs	von 2014 bis dato
DI (FH) Peter Schimanek	von 2015 bis 2018
Wolfgang Blach BA MA	von 2018 bis dato
Georg Geczek	von 2018 bis dato

Landesgeschäftsleiter (Landessekretäre)

Alfred Spanner	von 1961 bis 1977
Herwig Jungwirth	von 1977 bis 1982
Fritz Mitschitz	von 1982 bis 1993
DI Dr. Otto-Klaus Burger	von 1993 bis 2007
Mag. Alexander Lang	von 2007 bis dato

07. Oktober 1963: Einsatzvertrag zwischen dem WRK und der MA 17 Städtischer Rettungs- und Krankenbeförderungsdienst der Stadt Wien. Mit diesem Einsatzvertrag wurde versucht, die Vergangenheit (Rettungskrieg der 50-er Jahren) beizulegen. Die MA 17 wies die Leitstellendisponenten der Wiener Rettung an, Einsätze auch an das RK weiterzugeben. In der Leitstelle der Wiener Rettung waren aber auch Kollegen beschäftigt, die zur Zeit des Rettungskrieges bereits im Fahrdienst waren. Die Einsatzzuteilung war eher dürftig. Der Einsatz wurde mittels Telefon an die RK Leitstelle weitergegeben und von dort entweder über RK internen Sprechfunk an unser Rettungsmittel oder mittels Glocke im Aufenthaltsraum an das diensthabende Rettungsmittel vermittelt.

30. Mai 1969: Pilotversuch Ärztefunkdienst Bezirke 2, 3, 20. Der Versuch wurde in den Bezirken Leopoldstadt, Landstraße und Brigittenau gestartet. Call Taker waren unsere RK Journaldienste (Leitstellendisponenten). Die Einsätze wurden mit RK-KTWs gefahren. Das KFZ war an der aufmontierten Dachleuchte erkennbar.

04. Oktober 1969: Echtbetrieb Ärztefunkdienst in ganz Wien. Call Taker wurden von der Ärztekammer gestellt. Die Einsätze wurden in der Zeit vom WRK durchgeführt, welches in weiterer Folge vom ASB und MHDA unterstützt wurde. Seit der Gründung in Wien im Jahr 1974 war auch die JUH eine Unterstützung.

23. November 1973: Rettungsverbund RK und MA 70. Nach dem Ablauf von 10 Jahren und auf Initiative von Maria Jacobi (Stadträtin für Gesundheitswesen und Präsidentin des WRK) war es dann so weit. Als Mitglied des Rettungsverbundes nahm das WRK am Einsatzgeschehen der MA 70 teil. In der ersten Zeit noch angeschlossen an den offenen Sprechfunk der MA 70.

Ab 1975: Zivildienst.

01. Juli 1977: 24 Stunden 1 NAW Penzing mit Arzt. Ab diesem Zeitpunkt war von Montag bis Freitag von 7 bis 13 Uhr ein Notarzt fix beschäftigt. Für den Rest der Zeit waren wie bisher Notärzte auf Honorarbasis tätig.

01.03.1978: Rettungsverbund RK ASB und MA 70. In weiterer Folge wurde der ASB und der Malteser Hospitals Dienst Austria (MHDA) und später die Johanniter in den Verbund aufgenommen.

Ab 1978: Fahrten ins Grüne für Menschen mit Behinderung.

01. Juni 1979: Ein zweiter NAW in der Negerlegasse, 2. Bezirk

DAS ROTE KREUZ INTERNATIONAL

Die Internationale Rotkreuz- und Rothalbmond-Bewegung umfasst das Internationale Komitee des RK (IKRK), die Internationale Föderation der Rotkreuz- und Rothalbmond-Gesellschaften (Föderation, IFRC) sowie die nationalen Rotkreuz- und Rothalbmond-Gesellschaften. Insgesamt hat diese Bewegung heute 128 Millionen Mitglieder. Diese Gesamtzahl setzt sich aus 12 Millionen ehrenamtlichen Mitarbeitern, unterstützenden Mitgliedern, Blutspendern, und allen die in irgendeiner Weise zum Wohl des RK beitragen zusammen. 275.000 Menschen sind hauptberuflich beim RK beschäftigt (vergl. https://media.ifrc.org/ifrc/what-we-do/volunteers).

RK-Delegierte im internationalen Einsatz sind in den meisten Fällen Langzeitdelegierte mit ganz normalen bezahlten Dienstverträgen (also z. B. drei Jahre Projektmanager in Fiji). Im Fall von großen Katastrophen/Krisen kommt das Surge System zum Einsatz, in dessen Rahmen die nationalen RK-Organisationen Einsatzpersonal und Einheiten entsenden (ERUs, Technische Experten, Führungspersonal). Surge Personal wird in vielen Ländern auch aus dem Ehrenamtlichen-Pool rekrutiert (z. B. in Österreich), wird aber für den Auslandseinsatz bezahlt. Schon allein, weil das Rote Kreuz die Verantwortung wahrnimmt, dass die Familien der Rot-Kreuz Helfer daheim auch leben müssen. Alle nationalen Organisationen sind voneinander rechtlich unabhängig und innerhalb der Bewegung durch gemeinsame Grundsätze, Ziele, Symbole, Statuten und Organe verbunden. Die weltweit gleichermaßen geltende Mission der Bewegung – unabhängig von staatlichen Institutionen und auf der Basis freiwilliger Hilfe – sind der Schutz des Lebens, der Gesundheit und der Würde sowie die Verminderung des Leids von Menschen in Not unabhängig von Nationalität und Abstammung oder religiösen, weltanschaulichen oder politischen Ansichten.

Das auf Anregung von Henry Dunant 1863 gegründete Internationale Komitee des RK (IKRK) besteht aus bis zu 25 Schweizer Bürgern, ist die älteste internationale medizinische Hilfsorganisation und die einzige Organisation, die im humanitären Völkerrecht erfasst und als dessen Kontrollorgan genannt ist. Es ist die älteste Organisation der Bewegung und neben dem Heiligen Stuhl sowie dem Souveränen Malteser-Ritterorden eines der wenigen originären nichtstaatlichen Völkerrechtssubjekte. Seine ausschließlich humanitäre Mission basiert auf den Prinzipien der Unparteilichkeit, Neutralität und Unabhängigkeit sowie dem Schutz des Lebens und der Würde der Opfer von Kriegen und innerstaatlichen Konflikten.

Die internationale Föderation der RK- und Rothalbmond-Gesellschaften, Nachfolgeorganisation der 1919 entstandenen Liga der RK-Gesellschaften, koordiniert innerhalb der Bewegung die Kooperation zwischen den nationalen RK- und Rothalbmond-Gesellschaften und leistet Unterstützung beim Aufbau neuer nationaler Gesellschaften. Auf internationaler Ebene leitet und organisiert sie, in Zusammenarbeit mit den nationalen Gesellschaften, Hilfsmissionen nach nicht kriegsbedingten Notsituationen, wie zum Beispiel Naturkatastrophen und Epidemien.

Die nationalen RK- und Rothalbmond-Gesellschaften sind Organisationen, die in fast allen Ländern der Welt im Sinne des humanitären Völkerrechts und der Statuten der internationalen Bewegung tätig sind und die Arbeit des IKRK sowie der Föderation unterstützen. Ihre wichtigsten Aufgaben in ihren Heimatländern sind die Katastrophenhilfe und die Verbreitung der Genfer Konventionen. Im Rahmen ihrer Möglichkeiten können sie darüber hinaus weitere soziale und humanitäre Aufgaben wahrnehmen, die nicht unmittelbar durch völkerrechtliche Bestimmungen oder die Prinzipien der Bewegung vorgegeben sind. Hierzu zählen in vielen Ländern beispielsweise das Blutspendewesen und der Rettungsdienst sowie die Altenpflege und andere Bereiche der Sozialarbeit.

Von der Gründung als Dachorganisation des IKRK und der Föderation im Jahr 1928 bis zur Umbenennung 1986 lautete der offizielle Name der Bewegung Internationales Rotes Kreuz. Diese bis in die Gegenwart weit verbreitete Bezeichnung und die daraus resultierende Abkürzung IRK sollten jedoch nach Möglichkeit nicht mehr verwendet werden, da sie in der öffentlichen Wahrnehmung zu Unterscheidungsproblemen zwischen dem IKRK und der Föderation führen können.

Am Beispiel des Vermissten-Suchdienstes ist zu erkennen, welch wichtige Aufgaben dem Internationalen Komitee vom RK auch außerhalb von Konflikten zugeordnet werden.

Das internationale Komitee vom Roten Kreuz sucht weltweit nach mehr als 145.000 Vermissten. Davon noch 20.000 aus dem 2. Weltkrieg.

QUELLENVERZEICHNIS

Andics, Helmut:	1976 Neue Österreichische Geschichte in vier Bänden, Molden
Bayer, Gertraud:	1970 Unterlagen der Gründung „Bertha von Suttner Bez.St. BvS
Hg. v. EHMCK und W. v. BIPPEN:	Zeche und Innung, Amt und Einung, Gaffel und Werk, Kunst15, Bremisches Urkundenbuch, C.ED. Müller 1886
Brodinger, Manuela:	2014 Die Entwicklung des Rettungswesens ausgehend von der Zeit des aufgeklärten Absolutismus bis zur Schaffung des Berufsbildes „Sanitäter Dissertation, Studienkennzahl lt. Studienblatt: A 783 101
Czech, Gerald:	2009 Die Geschichte des Roten Kreuzes in Niederösterreich, Diplomarbeit
Czeike, Felix:	1954 Wiener Geschichtsblätter Verein für Geschichte der Stadt Wien
Ergert, Viktor:	1974, 50 Jahre Rundfunk in Österreich Band 1, Residenz-Verlag, 1977
Hennings, Fred:	1977 Die Ringstraße, Oldrich Hrdina/PHV Verlag & Antiquariat
Jaksch, Walter:	1976 Schicksal einer Brücke – Reichsbrücke, Böhlau
Kernmayr, H.G.:	1953 Die waffenlose Macht, Werden und Wirken des Roten Kreuz in aller Welt, Verlag Rudolf Traunau
Kinsky-Wilczek, Elisabeth:	1933 Hans Wilczek erzählt seinen Enkeln Erinnerungen aus seinem Leben, Leykam 1933
Lesky Erna:	1965 Die Wiener Medizinische Schule im 19. Jahrhundert, Böhlau

Machala, Rudolf:	1981 100 Jahre ärztlicher Rettungsdienst in Wien, Jubiläumsschrift der Stadt Wien
Mayer, Wolfgang:	1989 Territoriale Veränderungen im Raum Wien 1938–1945, Wiener Geschichtsblätter Verein der Geschichte Wiens, Sonderveröffentlichung
Newadba, Alois:	1894 Die k.u. k Sicherheitswache in Wien 1869–1894, Verlag des Unterstützungsfonds der k.u.k. Sicherheitswache
Rebhann, Fritz M.:	1969 Das einsame Gewissen, Band IV; Finale in Wien; Eine Gaustadt im Aschenregen, Herold
Rosner, Isidor:	1910 Unter den Obdachlosen von Messina, Aus den Tagebüchern der Wiener Freiwilligen Rettungsgesellschaft., Verlag Moritz Perles
Ziak, Karl:	1975 Das neue Landstraßer Heimatbuch, Wien-Europaverlag

BILDQUELLENNACHWEIS

S. 17: © www.wikiwald.com/de/Jaromir_von_Mundy aufgerufen
am 6. Mai 2022

S. 26: © Fotocredit Erich Lessing / picturedesk.com / APA

S. 104: © Quelle Kurier

S. 90, 133: © APA

S. 131: © Arbeiterzeitung

S. 89: © Bezirksjournal Donaustadt

S. 118: © Christoph Redelsteiner

S. 28: © dpa / picturedesk.com

S. 30: © Dr. Percy Pachta-Rayhofen

S. 111: © Erwin Feichtelbauer MA 70

S. 27: © EugenPlankenbüchler

S. 143: © Fire Fighter

S. 140, 141: © Fire Fighter Berufsfeuerwehr Wien

S. 167: © Gerald Czech ÖRK

S. 62: © Gertraud Bayer, Wiener Rotes Kreuz

S. 114: © Gewerkschaft VIDA

S. 35: © Gustav Frimel ÖRK-N BG

S. 109, 110: © HBI Franz Bauernfeind FF-Gerasdorf

S. 79, 81: © Heinz Götz WRK

S. 177, 178: © Hellmut Bayer WRK

S. 68, 70: © Ignaz Adamek WRK

S. 19, 20, 38, 46, 49, 65, 74, 84, 87, 92, 93, 94, 95, 97, 98, 100,
116, 117, 146, 156, 157, 158, 159, 160, 161, 162, 171, 172,
182, 183, 185: © Johann Plankenbüchler WRK

S. 128, 135: © Kronenzeitung

S. 148: © Krtistian Bisutti / APA / picturedesk.com

S. 31: © ÖRK Blutspendedienst

S. 40, 51, 52, 55, 57, 58: © Rainer Geist WRK

S. 150, 153, 154, 155, 165: © Teddy Adamek WRK

Der Autor

Johann Plankenbüchler wurde 1942 in Wien geboren und war nach seinem Handelsschulabschluss als Sacharbeiter tätig. Er arbeitete sich zu einer Rolle als Funktionär in der Finanzwirtschaft hoch und unterstütze außerdem sein gesamtes Leben über das Rote Kreuz. Heute lebt Johann Plankenbüchler in Ulrichskirchen mit seiner Frau, mit der er vier Kinder hat. „Ein Rückblick auf Jahre der Erinnerung. Der Beginn des Rettungswesens" ist sein erstes Buch, das auch Einblicke in das Leben des Autors und seine Tätigkeit beim Roten Kreuz erlaubt.